JN192954

目次

戦後日本社会における外国人関連事項の年表

年月	制度・政策	社会の動き（自治体も含む）
1945 年	旧植民地出身者の選挙権・被選挙権停止	朝鮮人民族団体（朝連：45 年、民団：46 年）の結成
1947 年	「外国人登録令」制定公布（旧植民地出身者を「外国人とみなす」；朝鮮半島出身者はすべて「朝鮮籍」に）	GHQ 指令を受け民族学校を日本の法令に従わせる閣議決定→民族学校閉鎖に対する阪神教育闘争（48 年）
1951 年	「出入国管理令」施行	
1952 年	講和条約発効により旧植民地出身者の日本国籍喪失；法 126 号により、当分の間、在留資格なしでの在留認めるとした；「外国人登録法」施行	
1966 年	日韓条約締結に伴う「日韓法的地位協定」発効；「協定永住」制度が実施される（「在日」の法的地位、複雑化）	
1967 年	「現段階においては外国人労働者を特に受け入れる必要はない」と閣議了解（3 月）	
1970 年		在日二世の朴鐘碩氏、就職差別で日立製作所を提訴（74 年、原告勝訴判決）
1973 年	日中国交回復（1972 年）を受け国費による「残留孤児」帰還事業始まる	
1978 年	ベトナム難民受け入れを閣議了解（79 年、インドシナ難民に対象拡大）→姫路市、大和市に定住促進センター開所	
1979 年	インドシナ難民対策連絡調整会議設置（77 年、内閣に設置したベトナム難民対策会議を拡充）；国際人権規約批准	1970 年代後半から、フィリピンからの女性「エンターテイナー」急増
1981 年	国連難民条約加入	
1982 年	「出入国管理および難民認定法」施行；国民年金など社会保障分野における国籍条項撤廃	
1983 年	21 世紀初めを目標にした「留学生受け入れ 10 万人計画」発表	大阪市生野区で在日コリアンによる「民族文化祭」始まる（この後各地に広がる）
1984 年	法務省、就学生の入国手続簡素化	この頃から中国からの就学生急増
1985 年	「国籍法」改正・施行（男女両系主義に）	山形県朝日町、行政主導でフィリピン人女性との縁組みに取り組む；ブラジルでデカセギ斡旋の新聞広告
1986 年		川崎市教育委員会、「川崎市在日外国人教育基本方針——主として在日韓国・朝鮮人教育」策定
1987 年	法務省が外国人労働者受け入れ枠の検討	カラバオの会、APFS、あるすの会、アジアフレンドなど、各地で外国人労働者支援団体の設立；浜松の人材派遣業者が日系人の雇用開始（日本国籍もつ一・二世）

年月	制度・政策	社会の動き（自治体も含む）
1988 年	内閣官房に外国人労働者問題関係省庁連絡会議を設置	1980 年代後半から急増していた男性非正規就労労働者が女性のそれを上回る
1989 年	バングラデシュ、パキスタンとのビザ相互免除を一時停止；労働省、外国人雇用対策室を新設；入管法改正案成立（在留資格を多様化；日系人の受け入れへ）	群馬県の中小企業など約 60 社が、日系人直接雇用を進めるため「東毛地区雇用安定促進協議会」を設立（12 月；99 年解散）
1990 年	改正入管法施行；「外国人研修生」受け入れ基準を大幅緩和	
1991 年	文部省、「日本語指導が必要な外国人児童生徒の受入状況等」調査始める；労働省、「日系人雇用サービスセンター」設置；法務、外務、通産、労働各省所管の「(財) 国際研修協力機構」発足；「入管特例法」施行（在日コリアンを「特別永住」に一本化）	海外日系人協会が「日系人相談センター」を開設（7 月）；ポルトガル語新聞『インターナショナル・プレス』発刊（9 月）；群馬県大泉町で「日伯センター」開設
1992 年	法務省「第 1 次入管基本計画」策定；外国人登録法改定（永住外国人の指紋押捺義務廃止）（施行は 93 年 1 月）	浜松市が「国際交流センター」を開設、運営を浜松国際交流協会に委託；中国語週刊新聞『中文導報』創刊
1993 年	外国人雇用状況報告制度；1年の「研修」終了後、1 年間の就労を認める「技能実習制度」の開始	全国高体連、民族学校を含む各種学校にインターハイ参加を認める；大阪府岸和田市議会、定住外国人への参政権決議採択。以降、地方議会での要望、意見書採択広がる；超過滞在者（オーバーステイ）29 万を超す。以降、漸減
1994 年	「中国残留邦人支援法」施行	4 月に北朝鮮核開発疑惑報道以降、朝鮮学校生徒への暴行、いやがらせあいつぐ
1995 年	最高裁、永住者などへの地方参政権付与、憲法上禁止されるものではないと判断；人種差別撤廃条約加入	阪神淡路大震災で外国人自助組織、「外国人地震情報センター」など支援団体生まれる；年間の「帰化者」1 万人を超える
1996 年		川崎市、消防を除く全職種で職員の国籍条項撤廃、「外国人市民代表者会議」を条例に基づき設置；群馬県大泉町、外国人登録者数が全住民の 1 割を超える
1997 年	「技能実習」期間を 3 年に延長	「移住労働者と連帯する全国ネットワーク」発足；東京都、「外国人都民会議」創設
1998 年		北朝鮮のミサイル発射で朝鮮学校生徒にいやがらせ頻発；民主党・公明党、「永住外国人地方選挙権付与法案」を衆院提出
1999 年	入管法改定案（不法残留罪新設など規制強化）、外登法改定案（指紋押捺廃止）成立	静岡地裁浜松支部、外国人入店拒否損害賠償請求事件で原告勝訴（人種差別撤廃条約を根拠）
2000 年	東京入管、子どもの公教育就学を理由に 4 家族に特別在留許可；「技能実習」職種を農業、水産加工にも拡大	石原都知事の「三国人」発言に抗議広がる

年月	制度・政策	社会の動き（自治体も含む）
2001 年		浜松市、豊田市、太田市、大泉町など 13 市町が「外国人集住都市会議」を設立、同会議により「地域共生」についての浜松宣言（10 月）
2002 年		滋賀県米原町、永住外国人に住民投票権を認めた「住民投票条例」制定（3 月投票実施）
2003 年	文科省、外国人学校卒業生に国立大学への受験資格を認定（朝鮮学校生は各大学の判断に）	移住労働者権利条約発効（7 月；日本政府は批准せず）；留学生 10 万人を超える（1983 年の目標達成）
2004 年	最高裁、在留資格がないことを理由にした国保加入拒否を違法と判断	1 大学を除き全国 82 国立大学が朝鮮学校卒業生に受験資格を認める；日本経団連、「外国人受け入れ問題に関する提言」を発表；浜松市の「ムンド・デ・アレグリア」、南米系学校のなかで初の各種学校認可
2005 年	興業の在留資格運用の厳格化	インドシナ難民受け入れ終了（78 年〜05 年に 11,319 人）；外国人登録者数、200 万人を突破
2006 年	総務省、都道府県・政令指定都市に「地域における多文化施策推進プラン」通知；看護師・介護福祉士の受け入れを含む経済連携協定をフィリピンとの間で署名；法務省、在留特別許可に係るガイドラインを策定・公表；外国人労働者問題関係省庁連絡会議、「「生活者としての外国人」に関する総合的対応策」を発表	外国人、民族的マイノリティの子どもの権利を訴え、「外国人学校・民族学校の制度的保障を実現するネットワーク」結成される
2007 年	雇用対策法改正（外国人雇用状況届出を義務化）；文科省、「不就学外国人児童生徒実態調査」発表；看護師・介護福祉士受け入れを含む経済連携協定をインドネシアとの間で署名	日本経団連、「外国人材受入問題に関する第2 次提言」；外国人研修生権利ネットワーク結成（実習生、研修生をめぐる問題、深刻化）
2008 年	最高裁、両親が結婚していないことを理由に日本国籍を認めない国籍法に違憲判決；留学生 30 万人計画骨子まとまる；改正国籍法成立	自民党国家戦略本部プロジェクトチーム、「日本型移民政策」を提言；インドネシアから EPA に基づく看護師・介護福祉士候補者 205 人来日；年末から、世界同時不況による外国人労働者解雇あいつぐ
2009 年	内閣府に「定住外国人施策推進室」設置；入管法および入管特例法改正；仕事を失った日系人への帰国支援金支給	浜松市など日系人集住地域で、雇用減のため在留外国人、大幅減；フィリピンから EPA に基づく看護師・介護福祉士候補者 273 人来日；「在特会」による京都朝鮮学校襲撃
2010 年	在留資格「就学」を「留学」に統合；研修・技能実習制度見直し施行（従来の研修期間を廃止）；内閣府日系定住外国人施策推進会議が「基本指針」策定	第三国定住難民受け入れパイロットケースとしてミャンマー人難民が来日
2011 年	日系定住外国人施策に関する行動計画	東日本大震災、外国人も 33 人死亡；在住外国人による被災地への支援活動も注目される

年月	制度・政策	社会の動き（自治体も含む）
2012 年	高度外国人材受け入れにポイント制導入；外国人登録法廃止・住民基本台帳法改定と合わせ、在留管理制度を切替；内閣官房に設置された「外国人との共生社会」実現検討会議、中間的整理を公表	2012 年末を底に在留外国人数、再び増加に転じる；この頃からベトナム人在留者、急増（留学、技能実習資格で）
2013 年	入管、フィリピン人非正規滞在者 75 人をチャーター便で強制送還；この年の難民認定者 6 人に留まる（08 年の 57 人から激減）	関西経済同友会「定住外国人受入れ促進、外国人庁設置」提言；この年、来日外国人旅行者千万人を突破；民族差別を扇動するヘイトスピーチが広がる（13 年の「新語・流行語大賞」に）；日本語学校に留学生増加
2014 年	首相を議長とする産業競争力会議、外国人受け入れ環境の整備・技能実習制度見直しを課題に；20 年度までを期限とする外国人労働者受け入れ拡大「緊急措置」閣議決定；入管法改正（「高度専門職」資格新設など：施行は 15 年度）	国立市議会が人種差別禁止法の制定を求める意見書を採択（その後、自治体議会で同様の決議広がる）；京都朝鮮学校襲撃事件で「在特会」幹部に有罪確定；ベトナムから EPA に基づく看護師・介護福祉士候補者 138 人来日；この頃から留学生の日本での就職・起業者数、増える
2015 年	改正国家戦略特区法（特区に外国人家事労働者受け入れ）；「第 5 次出入国管理基本計画」公表	宇都宮大で在日外国人入試枠新設、16 年度入試より実施；留学生総数、20 万人を突破
2016 年	留学生としてのシリア難民受け入れ表明；ヘイトスピーチ解消法成立；入管法改正（「介護」新設、在留資格取消措置など）；外国人技能実習適正化法成立（実習生の保護強化、実習期間 5 年まで延長など）；文科省有識者会議、「学校における外国人児童生徒等に対する教育支援の充実方策」提言	日本経団連「外国人材受入促進に向けた基本的考え方」提言
2017 年	法務、厚労両大臣を主務大臣とする外国人技能実習機構設立；新法に基づいた外国人技能実習制度に移行	日本商工会議所「今後の外国人材の受け入れのあり方に関する意見」（より開かれた受入を求める）提言
2018 年	法務省、日系 4 世を「特定活動」枠で受け入れ拡大を計る方針決める；人手不足の深刻化を理由に、従来の政策を転換し「単純労働」分野での外国人労働者受け入れを進めることを閣議決定	「人手不足」感の強まりのなかで外国人材受け入れをめぐる議論、高まる；日本商工会議所、「中間技能人材」としての外国人労働者の受け入れを提言

地図作成についての説明

　本書は、わが国在住の外国人に関する包括的な地図帳である。所収した地図は100枚以上に及ぶが、これらの地図に関連し、トピック・項目、データソース、空間的スケール、地図表現に関して、簡単に説明しておきたい。

　わが国の公的統計の外国人関係のデータで、都道府県以下の空間的スケールで入手しうるものは、必ずしも豊富とはいえないが、多様に存在する。本書の準備の段階で多数の地図を試作したが、それらのなかから重要なものや興味深いものを選び、それらを、分布と変化、性別・年齢・国籍、在留資格、就労、生活、集住と移動、の6つのトピックに分類した。そして、それぞれのトピックのなかにいくつかの項目を設け、項目ごとに関連する図表や写真を用意し、350〜550字程度の解説文を付けた。各項目で地図化した指標に関するデータの出典や指標の算出方法の説明、ならびに関連する文献は、巻末に一括して掲げた。

　本書所収の地図の主なデータソースは、国勢調査、在留外国人統計、人口動態統計など、外国人関連のデータを含む公的統計である。これらの公的統計のデータの多くは、「政府統計の総合窓口」（https://www.e-stat.go.jp/）からエクセル・ファイルで取り込んだ。これらのデータソースから入手できない国勢調査のデータについては、今回の外国人地図帳の改訂版作成のために、総務省統計局から特別に提供された2015年国勢調査における外国人の個票データを用いている。さらに、既往文献に掲載されている興味深い外国人関連の地図を、著者および出版社の許可を得て転載している。

　所収地図の多くは、全国を範囲とする都道府県単位あるいは市区町村単位の地図である。政令指定都市および外国人集住都市会議への参加市町に関する地図は、各自治体の外国人集住地を中心とする範囲を対象としており、当該の市の全域を対象にしていないことをお断りしておきたい。なお、同一のデータを、都道府県単位と市区町村単位で示した項目もある。異なる空間的スケールによる地図化は、それぞれ異なる意義をもっているからである。

　地図は基本的に、絶対数のデータの場合は、数値に比例した面積の円グラフを配した分布図で、比率のデータの場合は、数値の高低を区分し塗り分けた階級区分図（コロプレス図）で、表現している。後者の表現による地図の場合、階級区分をいかに行うかが重要なポイントとなる。地図化した指標の統計的分布は多様であるうえ、特に市区町村や町丁字という空間的スケールでは単位地区がきわめて多数となるため、階級区分は平均値と標準偏差を組み合わせて行い、両者の数値も凡例の下部に合わせて示した。また、同一の項目のなかで、複数の地図の比較が容易になるように、同一の階級区分を用いている箇所もあることにご留意いただきたい。以上のような地図表現を心がけた結果、各地図の階級の数はまちまちになっている。

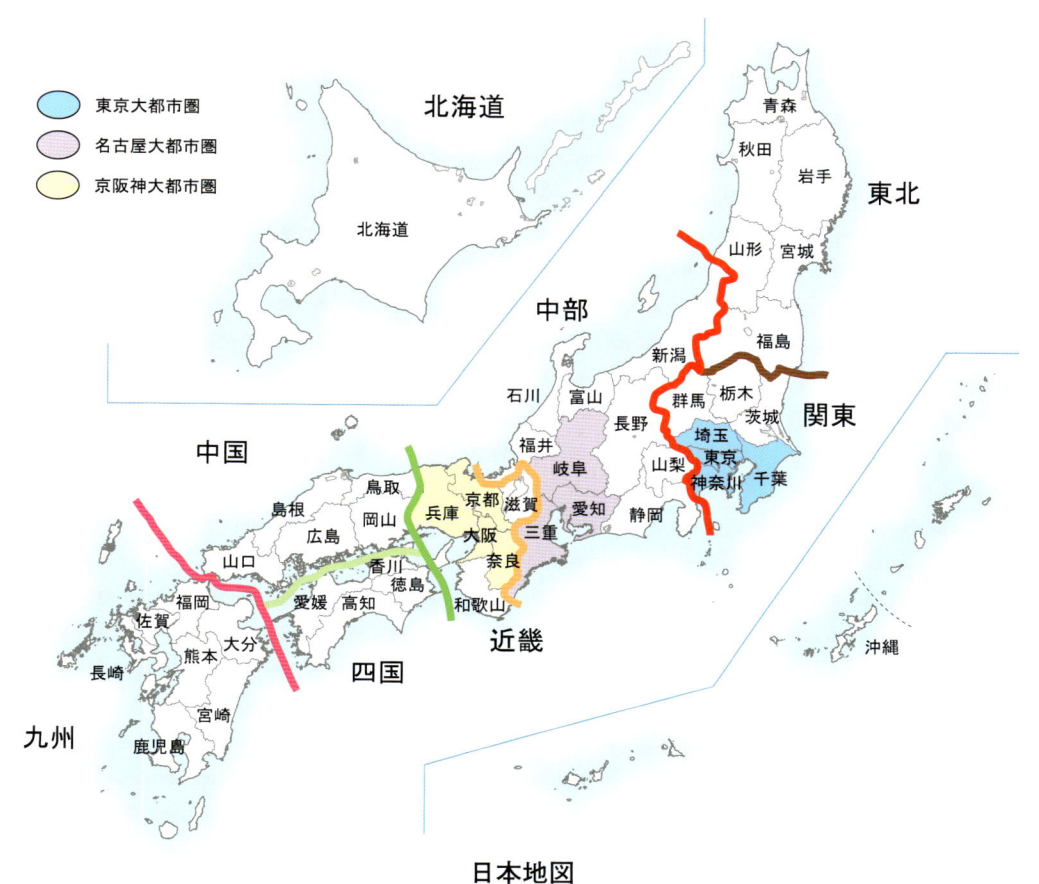

日本地図

都道府県およびよく使われる地方と三大都市圏の区分を示した

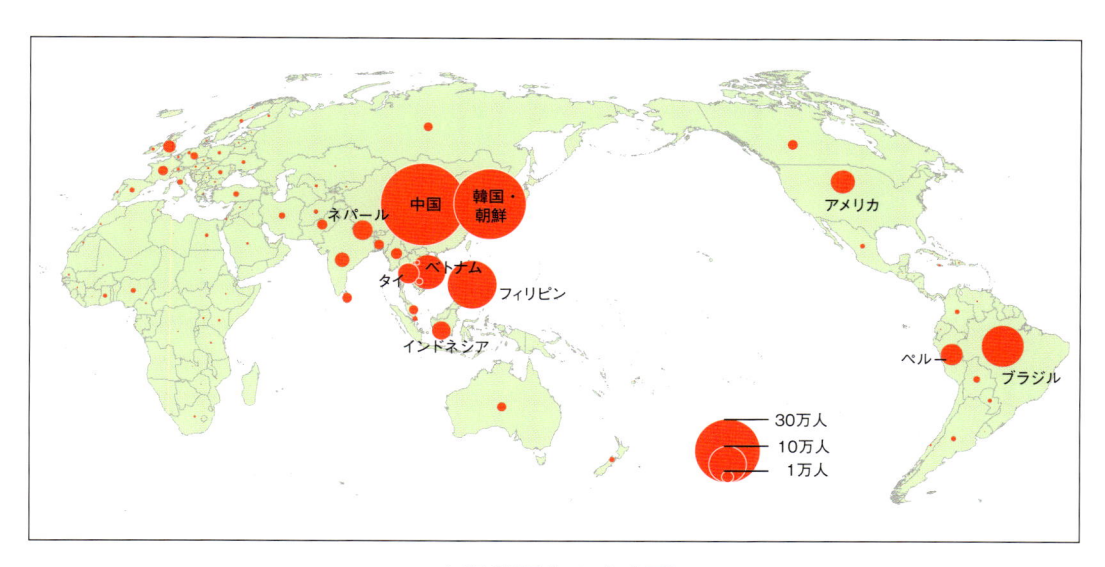

在留外国人の出身国

資料：2015年国勢調査

地図でみる 日本の外国人

Mapping Foreign Residents in Japan

改訂版

ナカニシヤ出版

　日本在住の外国人数のデータを掲載しているのは、『国勢調査』と『在留外国人統計』である。前者は5年に1度、後者は毎年刊行され、日本に3ヶ月以上滞在実績のある、あるいは3ヶ月以上滞在予定の外国人を対象としている。日本経済が好況となり労働力不足に陥った1980年代後半から、外国人の増加が顕著になった（図1-1）。

　しかし、両統計での外国人数には少なからぬ違いがあり、『国勢調査』より『在留外国人統計』記載の外国人数が多いため、注意が必要である。ちなみに、2015年時点では、後者の数を100%とした場合、前者は78.5%となっている。この違いは、年齢別では男子・女子とも20～29歳（表1-1）、国籍別ではベトナム、インド、インドネシア、ペルー、ブラジル（表1-2）、都道府県別では長崎、香川、大阪、三重、千葉などで大きい（図1-2、表1-3）。両統計における外国人数がなぜ大きく異なっているのかはよくわかっていないが、国勢調査への外国人の非協力が有力な原因と考えられる。

（石川義孝）

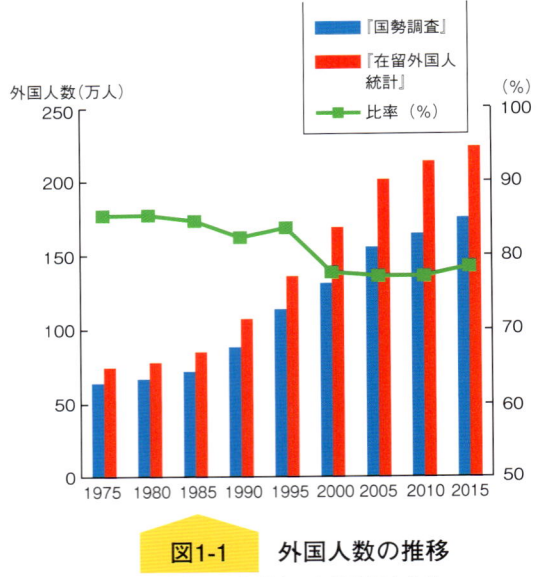

図1-1　外国人数の推移

資料：国勢調査、在留外国人統計

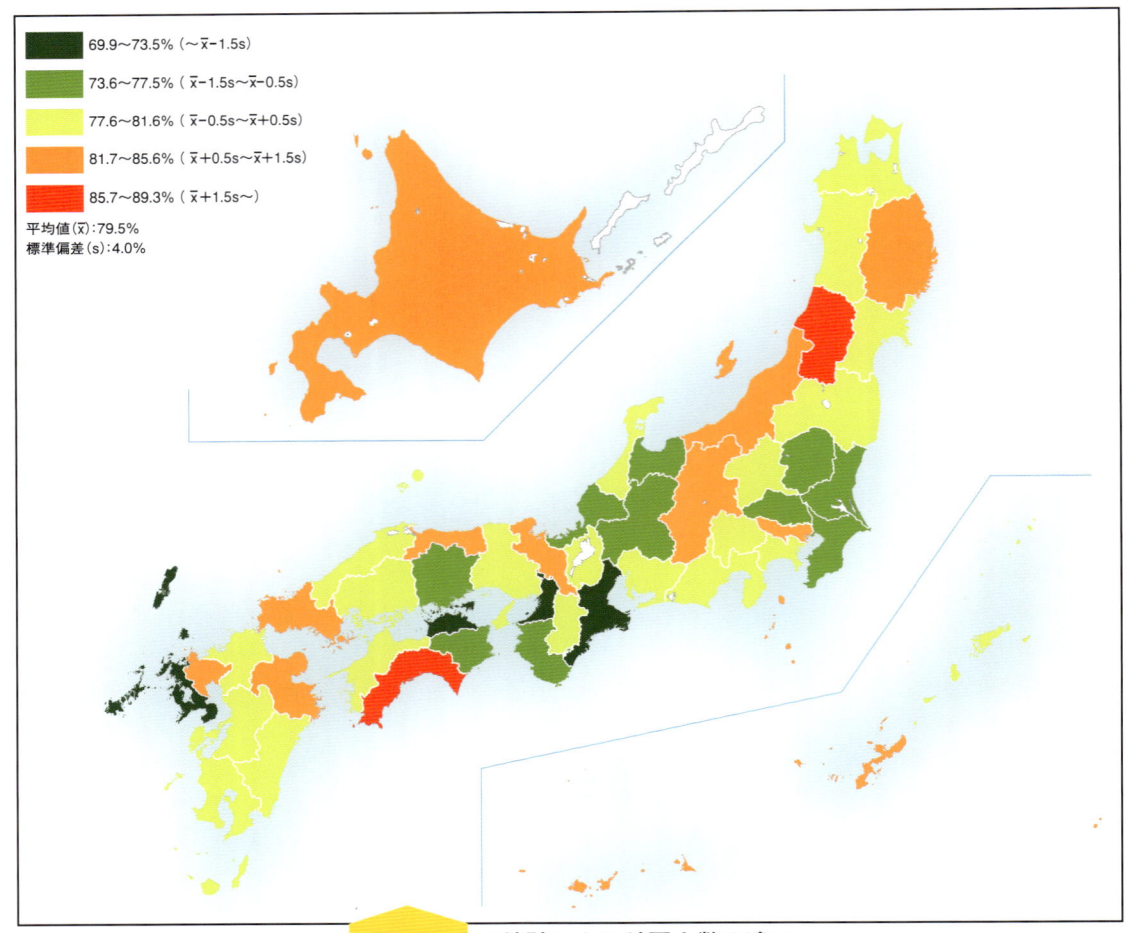

図1-2　2統計による外国人数の違い

表1-1　性別・年齢別外国人数

年齢	男			女		
	『国勢調査』外国人（人）	『在留外国人統計』外国人（人）	比率（%）	『国勢調査』外国人（人）	『在留外国人統計』外国人（人）	比率（%）
0〜4	32,308	39,669	81.44	30,414	36,892	82.44
5〜9	26,070	32,167	81.05	25,020	30,740	81.39
10〜14	23,382	28,304	82.61	22,380	26,648	83.98
15〜19	37,564	48,075	78.14	36,953	46,254	79.89
20〜24	101,656	149,575	67.96	95,425	132,294	72.13
25〜29	116,883	170,515	68.55	111,959	152,401	73.46
30〜34	94,476	128,923	73.28	110,461	141,159	78.25
35〜39	74,721	98,967	75.50	99,996	124,517	80.31
40〜44	63,467	81,871	77.52	93,693	113,896	82.26
45〜49	55,670	71,286	78.09	88,504	108,995	81.20
50〜54	46,245	58,579	78.94	67,366	83,303	80.87
55〜59	33,535	41,906	80.02	45,928	57,148	80.37
60〜64	27,929	33,432	83.54	33,762	41,036	82.27
65〜69	23,174	27,009	85.80	24,745	29,179	84.80
70〜74	15,617	17,457	89.46	18,600	21,162	87.89
75〜79	10,159	11,416	88.99	13,501	16,036	84.19
80歳以上	9,157	11,017	83.12	16,284	20,459	79.59
外国人全体	807,136	1,050,070	76.86	945,232	1,182,119	79.96

資料：2015 年の国勢調査、在留外国人統計（12 月）

表1-2　主要国籍別外国人数

国籍	『国勢調査』外国人（人）	『在留外国人統計』外国人（人）	比率（%）
中国	511,118	665,847	76.76
韓国・朝鮮	376,954	491,711	76.66
フィリピン	172,457	229,595	75.11
ブラジル	126,091	173,437	72.70
ベトナム	87,109	146,956	59.28
アメリカ	41,405	52,271	79.21
ペルー	34,575	47,721	72.45
タイ	33,843	45,379	74.58
インドネシア	25,516	35,910	71.06
インド	16,492	26,244	62.84
外国人全体	1,752,368	2,232,189	78.50

資料：2015 年の国勢調査、在留外国人統計（12 月）

表1-3　都道府県別外国人数

	『国勢調査』外国人（人）	『在留外国人統計』外国人（人）	比率（%）
北海道	21,676	25,692	84.37
青森	3,447	4,245	81.20
岩手	5,017	5,902	85.01
宮城	13,989	17,708	79.00
秋田	2,914	3,616	80.59
山形	5,503	6,160	89.33
福島	8,725	11,052	78.94
茨城	41,310	54,095	76.37
栃木	26,494	34,402	77.01
群馬	37,126	46,401	80.01
埼玉	105,203	139,656	75.33
千葉	90,178	122,479	73.63
東京	378,564	462,732	81.81
神奈川	144,500	180,069	80.25
新潟	11,567	14,064	82.25
富山	10,768	13,972	77.07
石川	9,308	11,542	80.64
福井	9,448	12,307	76.77
山梨	11,115	14,228	78.12
長野	26,640	31,453	84.70
岐阜	35,382	45,923	77.05
静岡	59,596	76,081	78.33
愛知	166,150	209,351	79.36
三重	31,333	43,031	72.81
滋賀	19,886	24,617	80.78
京都	43,949	53,575	82.03
大阪	150,890	210,148	71.80
兵庫	77,518	98,625	78.60
奈良	8,726	11,085	78.72
和歌山	4,667	6,069	76.90
鳥取	3,384	3,965	85.35
島根	5,371	6,600	81.38
岡山	17,309	22,439	77.14
広島	34,854	42,899	81.25
山口	11,512	13,875	82.97
徳島	3,871	5,012	77.23
香川	6,928	9,785	70.80
愛媛	8,096	10,279	78.76
高知	3,236	3,728	86.80
福岡	47,097	60,417	77.95
佐賀	3,878	4,605	84.21
長崎	7,669	10,979	69.85
熊本	8,358	10,767	77.63
大分	8,656	10,573	81.87
宮崎	3,693	4,616	80.00
鹿児島	5,847	7,222	80.96
沖縄	11,020	12,925	85.26
外国人全体	1,752,368	2,232,189	78.50

資料：2015 年の国勢調査、在留外国人統計（12 月）

　わが国における外国人は、国土に一律に分散して居住しているわけではなく、都道府県レベルでみると、東京から大阪にかけての太平洋側の都道府県に集中する傾向に加えて、内陸の群馬も集住傾向が強い（図2-1）。市町村でみると、北関東から、長野、静岡、東海、京阪神にかけての範囲で、外国人比率の高い市区町村が目立っている（図2-3）。しかし、北海道、東北、北陸、九州においても、2.8％以上の外国人比率を示す自治体が散見される。別府市も高い比率を有しているのは近年の留学生数の増加によることと考えられる。

　外国人の増加は日本社会にいろいろな影響を与えている。地域の国際交流および顕在化しつつある種々の問題を解決し、ニューカマーの多い都市間の連携を模索するため、外国人集住都市会議が2001年に発足し、2012年に参加自治体が29まで増えたものの、近年は減少している（図2-2）。

（杜　国慶）

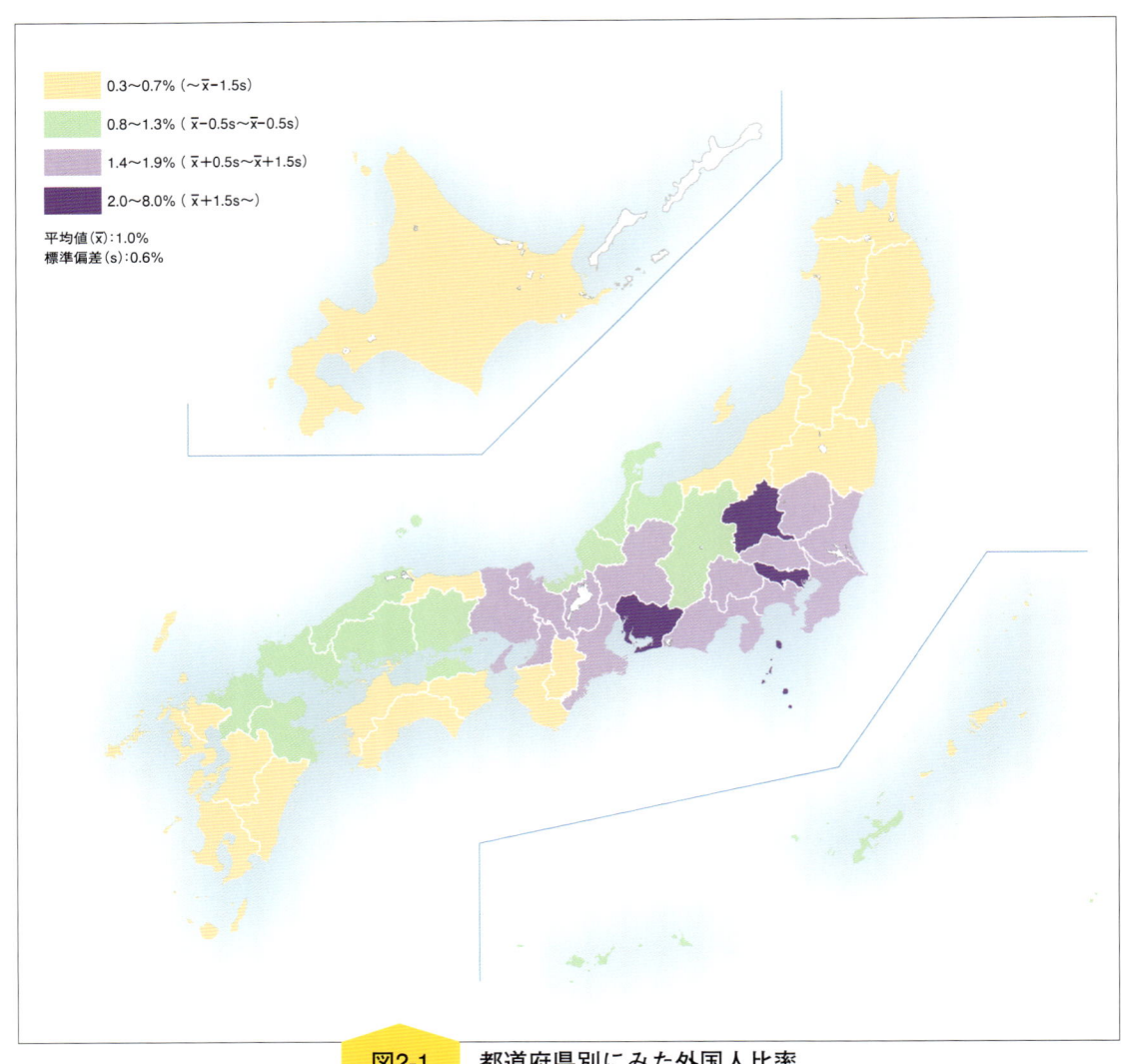

- 0.3〜0.7％（〜x̄-1.5s）
- 0.8〜1.3％（x̄-0.5s〜x̄-0.5s）
- 1.4〜1.9％（x̄+0.5s〜x̄+1.5s）
- 2.0〜8.0％（x̄+1.5s〜）

平均値(x̄)：1.0％
標準偏差(s)：0.6％

図2-1　都道府県別にみた外国人比率

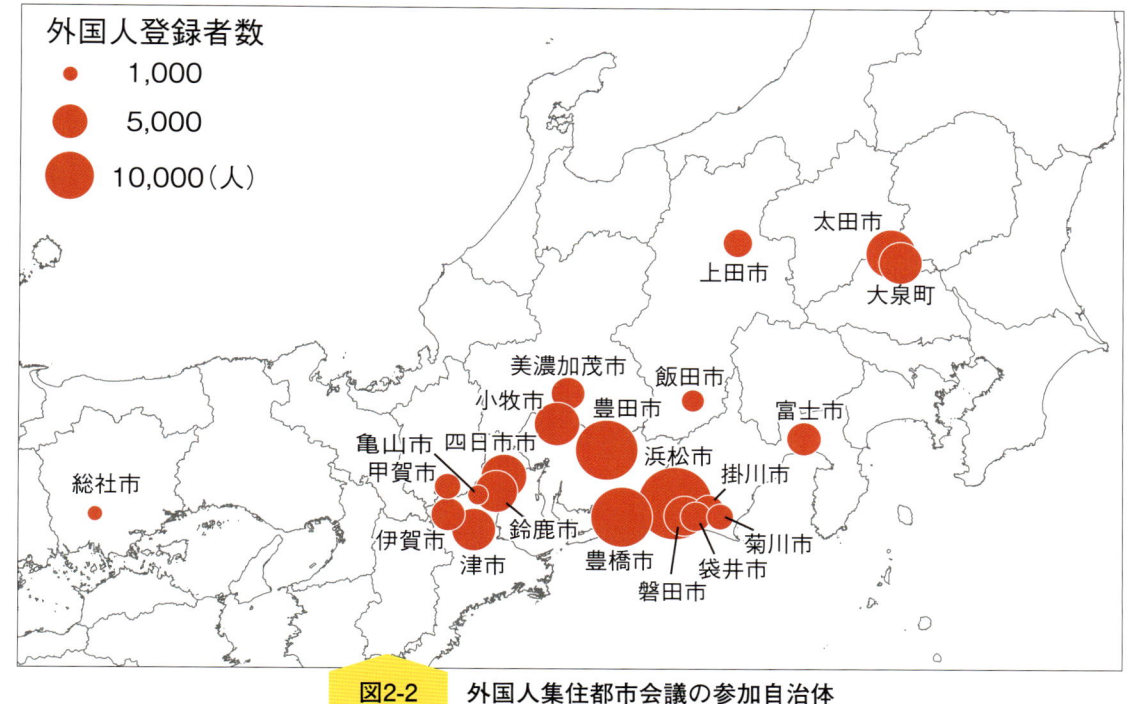

外国人登録者数

- 1,000
- 5,000
- 10,000（人）

太田市
上田市
大泉町
美濃加茂市
飯田市
小牧市
豊田市
富士市
亀山市
四日市市
甲賀市
浜松市
掛川市
総社市
鈴鹿市
菊川市
伊賀市
袋井市
津市
豊橋市
磐田市

| 図2-2 | **外国人集住都市会議の参加自治体** |

資料：http://www.shujutoshi.jp/member/pdf/2017member.pdf

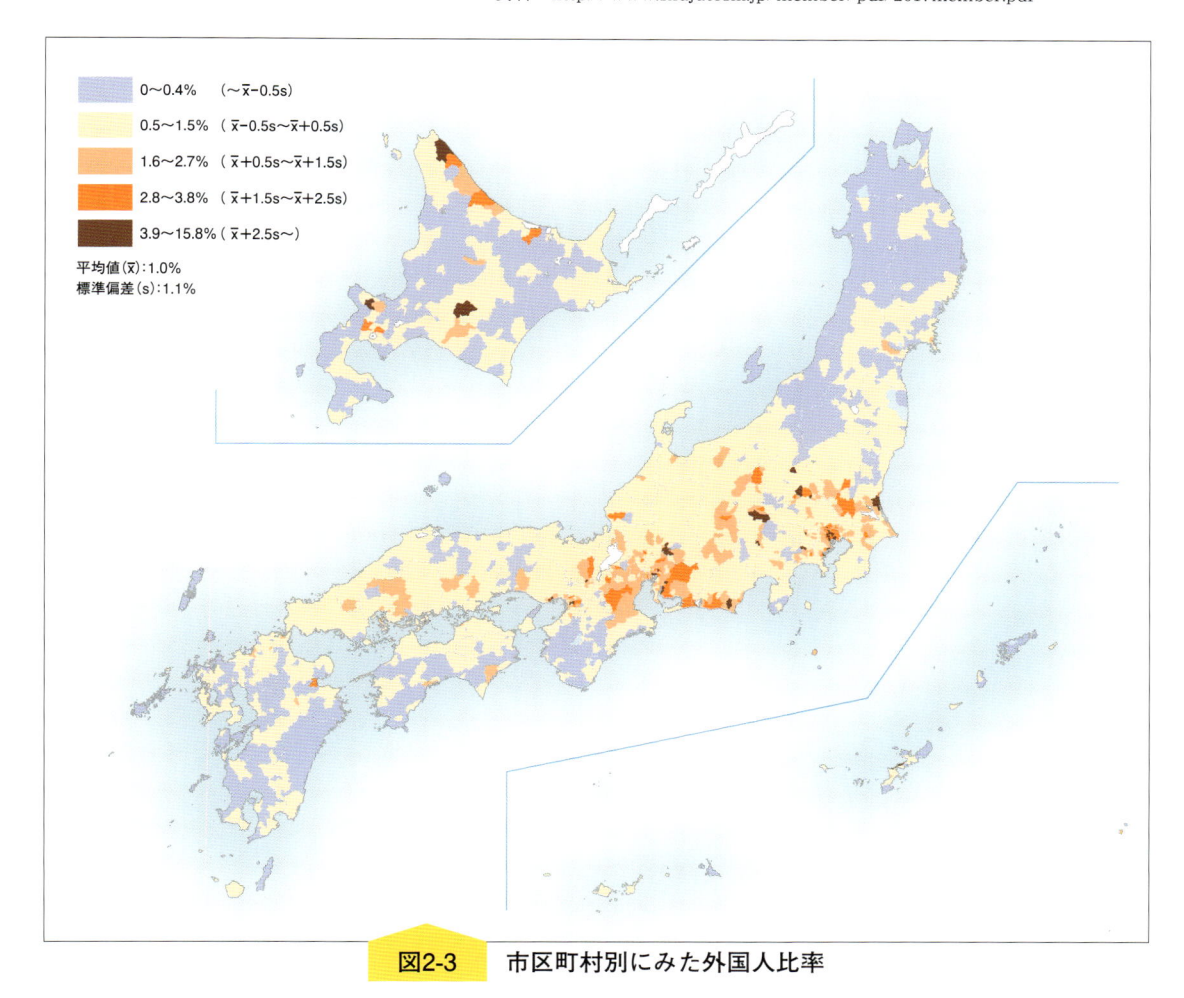

- 0～0.4%　（～x̄-0.5s）
- 0.5～1.5%　（x̄-0.5s～x̄+0.5s）
- 1.6～2.7%　（x̄+0.5s～x̄+1.5s）
- 2.8～3.8%　（x̄+1.5s～x̄+2.5s）
- 3.9～15.8%（x̄+2.5s～）

平均値(x̄)：1.0%
標準偏差(s)：1.1%

| 図2-3 | **市区町村別にみた外国人比率** |

外国人人口は、1980 年代後半から関東と中部で急速に増加してきた（図 3-1）。2005 年以降は、関東でのみ大幅な増加が継続し、中部や近畿では微減となる。特に中部では、2005 年を境に、それまでの継続した増加から減少に転じた。2010 年〜2015 年における日本人と外国人の全国レベルでの増加率は、それぞれ−0.9％と 6.3％であり、大きな差がある。

都道府県レベルでの増加率をみると、日本人の場合、東京、沖縄、愛知、埼玉、滋賀、神奈川、千葉、福岡、広島の 9 都県で緩やかな増加を示すのみで、それ以外の道府県では減少している（図 3-2）。外国人の場合、その増加率は、沖縄、東京、北海道、埼玉、長崎、福岡、神奈川、千葉、宮城、島根で 10％を上回る一方で、福井、山形、長野、山梨、秋田で−10％を下回る（図 3-3）。特に、東京圏（1 都 3 県）では約 10.6 万人の増加がみられ、東京圏への集中が目立つ。日本の総人口は 2010 年頃から減少が始まり、それを契機に人口減関連の諸問題が大きな関心を集めてきた。地方圏に定住する外国人が増加することで人口減問題の緩和が期待されるが、外国人の増加率には地域差が大きい。

（花岡和聖）

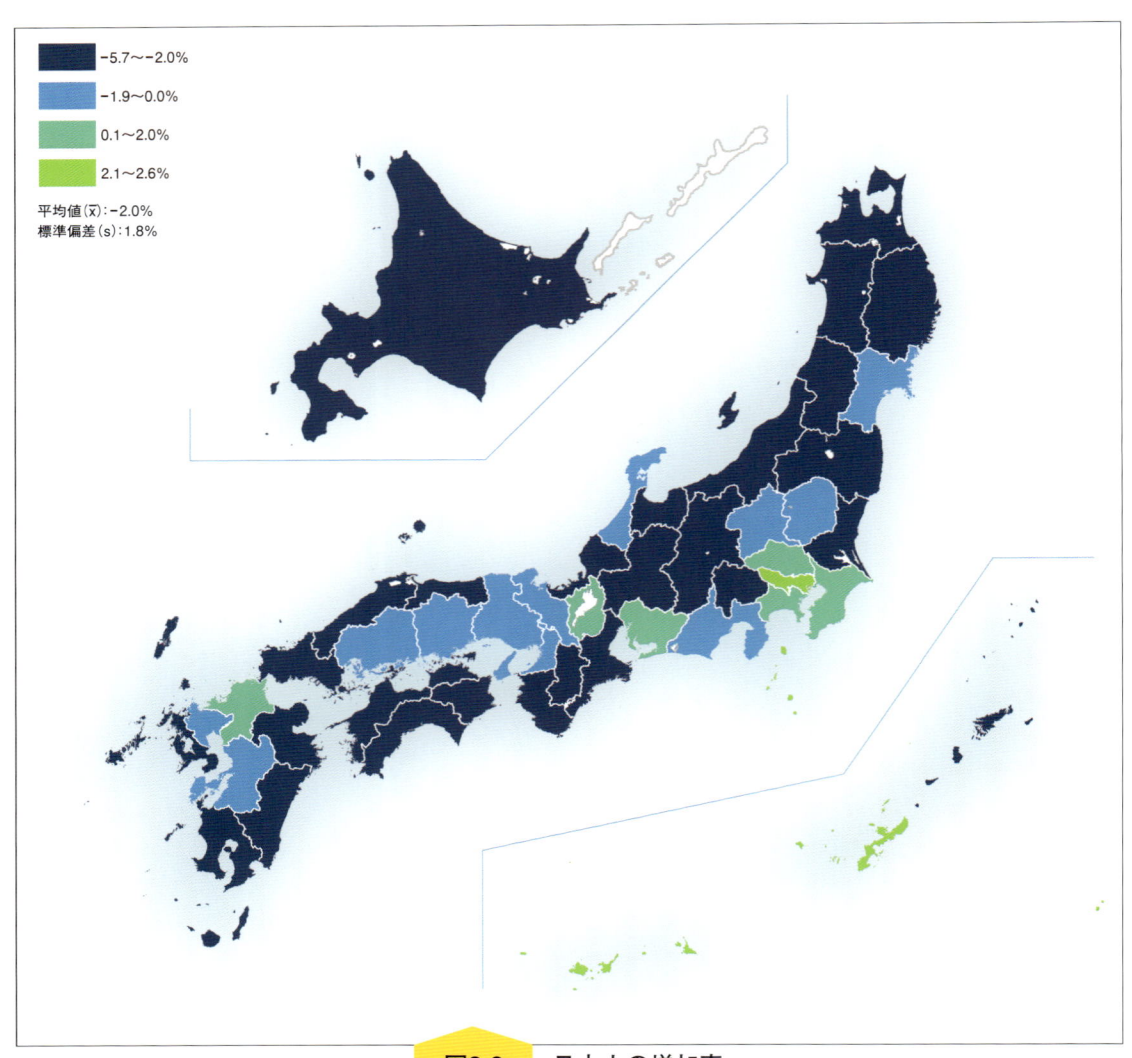

凡例
- −5.7〜−2.0%
- −1.9〜0.0%
- 0.1〜2.0%
- 2.1〜2.6%

平均値($\bar{x}$)：−2.0%
標準偏差(s)：1.8%

図3-2 日本人の増加率

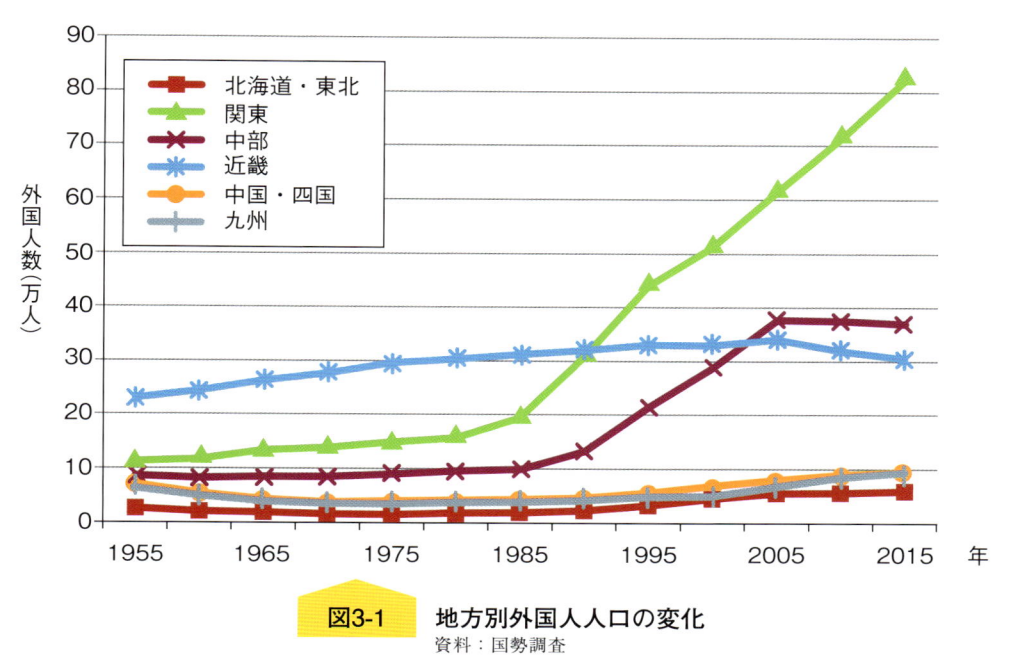

図3-1 地方別外国人人口の変化
資料：国勢調査

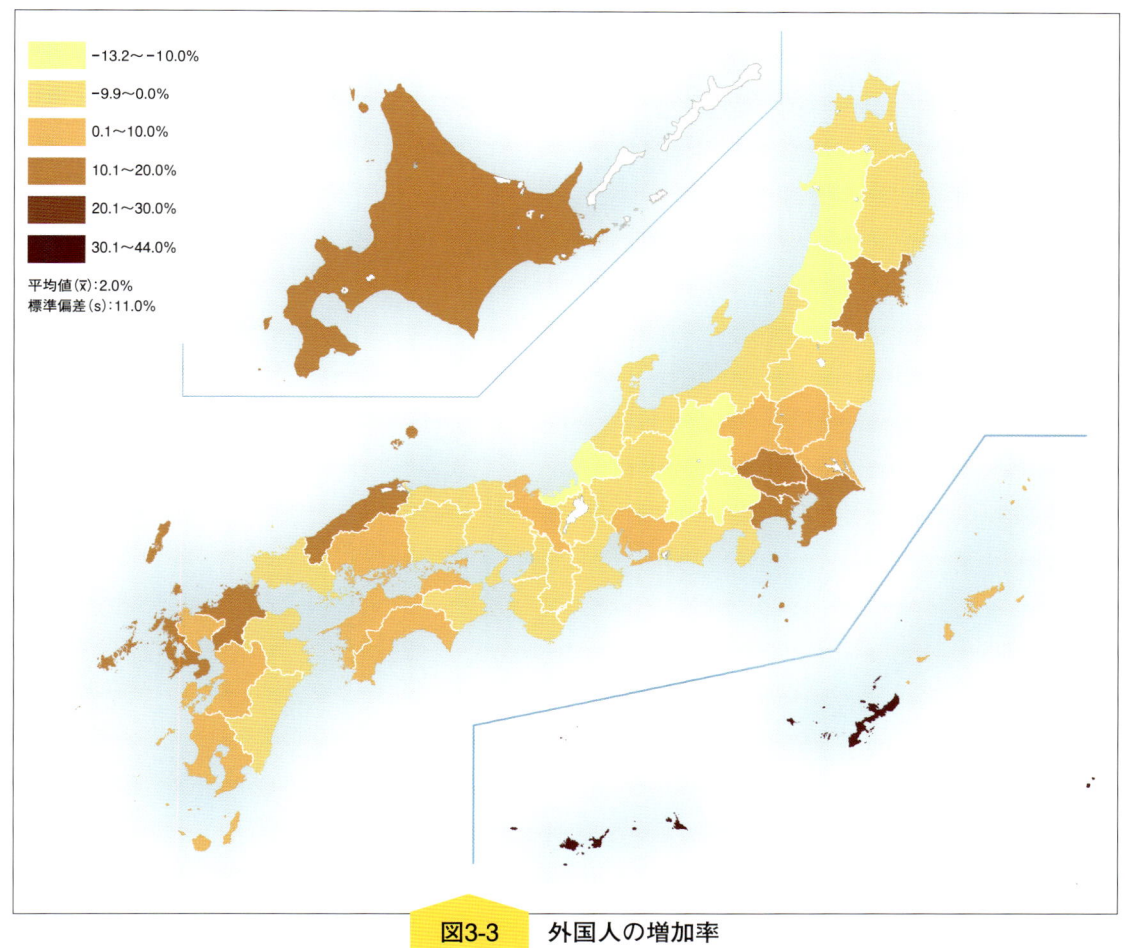

凡例：
- −13.2〜−10.0%
- −9.9〜0.0%
- 0.1〜10.0%
- 10.1〜20.0%
- 20.1〜30.0%
- 30.1〜44.0%

平均値(x̄)：2.0%
標準偏差(s)：11.0%

図3-3 外国人の増加率

4 性比

性比は男女別の人口のバランスを示す重要な指標であり、女性の人口を100とした時の男性の人口、と定義される。図4-1は、外国人の主要国籍ごとの性比を示している。オールドカマーの割合が高い韓国・朝鮮人は、性比が100に近い。フィリピン、タイは女性人口が、インドネシア、インド、アメリカは男子人口が優位にある。性比の数値のこうした違いは、日本での滞在年数の長さや在留資格の種類などによって生じる。

在留外国人の性比の都道府県別地図（図4-2）をみると、岩手、秋田、山形、鳥取、徳島、鹿児島、沖縄の諸県で性比の値が小さい。すなわち、女性の数が男性の数よりかなり多い。市町村別地図（図4-3）をみても、全般的に同じような傾向がみられる。特に国土の周辺部の中山間地域において性比が低いのは、国際結婚による外国人女性の流入・定着が多いためと推察される。こうした地域は人口減少が深刻であり、彼女たちの流入や国際結婚カップルの間での子どもの誕生がなかったならば、減少が現在以上に進んでいたことを示唆している。

一方、性比の値が100に近い都道府県や市区町村は、首都圏や東海、近畿に多い。　　（石川義孝）

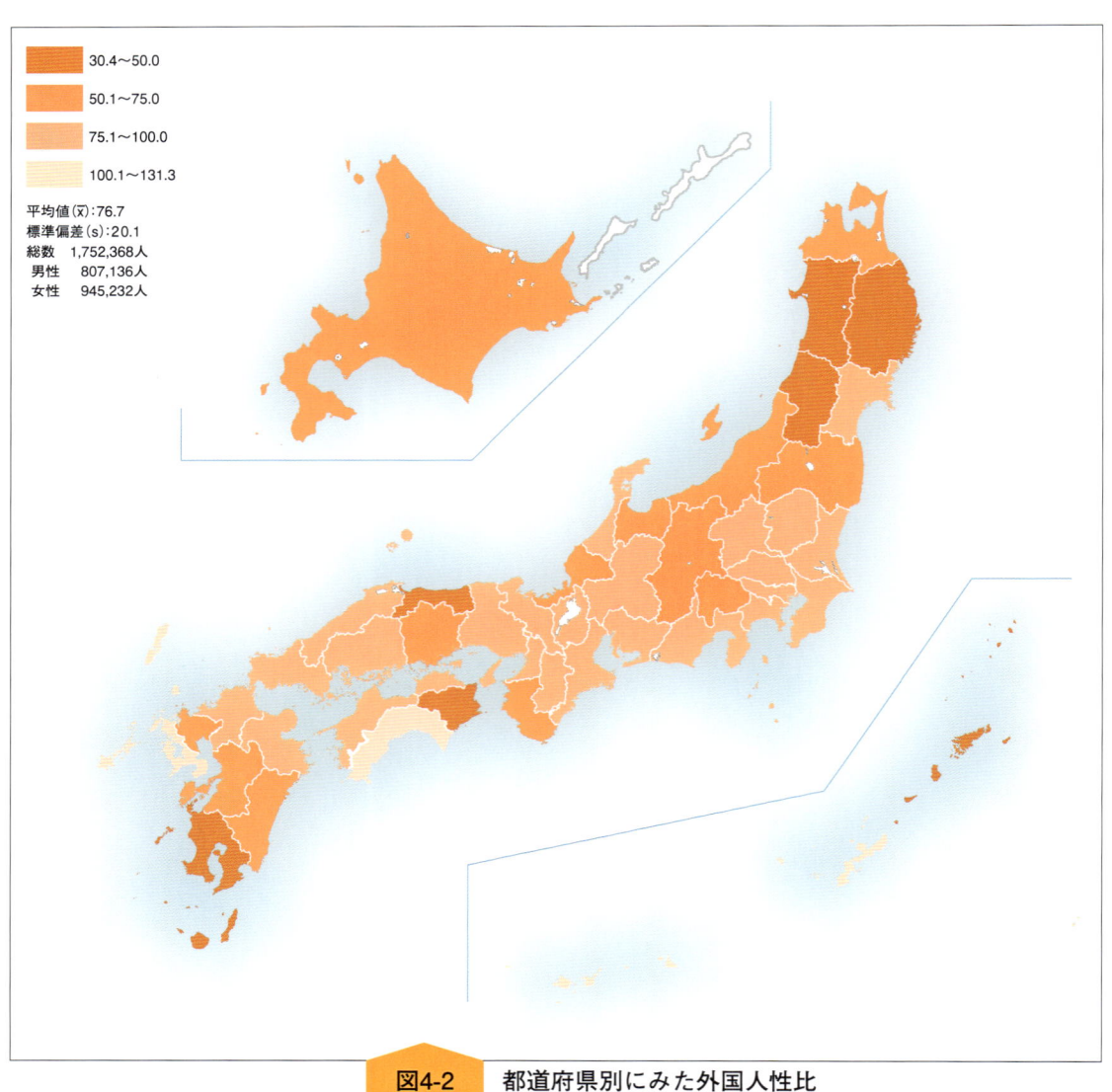

■	30.4〜50.0
■	50.1〜75.0
■	75.1〜100.0
■	100.1〜131.3

平均値($\bar{x}$):76.7
標準偏差(s):20.1
総数　1,752,368人
男性　807,136人
女性　945,232人

図4-2　都道府県別にみた外国人性比

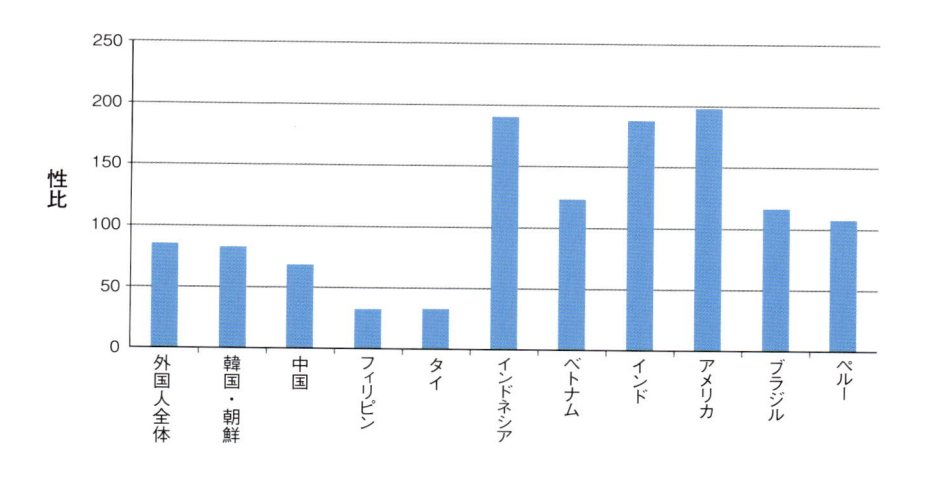

図4-1 外国人の主要国籍別の性比
資料：2015年国勢調査

　外国人の年齢構成は日本人と異なり（図 5-1）、生産年齢人口比率（15〜64歳）が高く（82%）、高齢人口比率（65歳以上）は非常に低い（9%）。ただし国籍の違いによって顕著な特徴がある。オールドカマーが多い韓国・朝鮮人の年齢構成は日本人に近く高齢化している。ニューカマーをみると、ブラジル人、ペルー人は子ども連れ世帯が多いため年少人口比率（0〜14歳）が高く、近年人口が増えたベトナム人、フィリピン人は単身者の生産年齢人口が際立って高い。

　高齢人口比率の高い市町村は、韓国・朝鮮人が多い近畿や福岡、北海道の旧産炭地域の一部に多くみられる（図 5-2）。一方、年少人口比率の高い市町村は、群馬、栃木、岐阜、静岡、愛知、三重、滋賀が多く、これら諸県にはブラジル人、ペルー人が多く働いている（図 5-3）。生産年齢人口が多い市町村には、地域的特徴はそれほど明瞭ではないが、在留資格「技能実習」の外国人と関連があり（図 12-2）、東北、四国、南九州など農村地域で高い（図 5-4）。　　　　　　（西原　純）

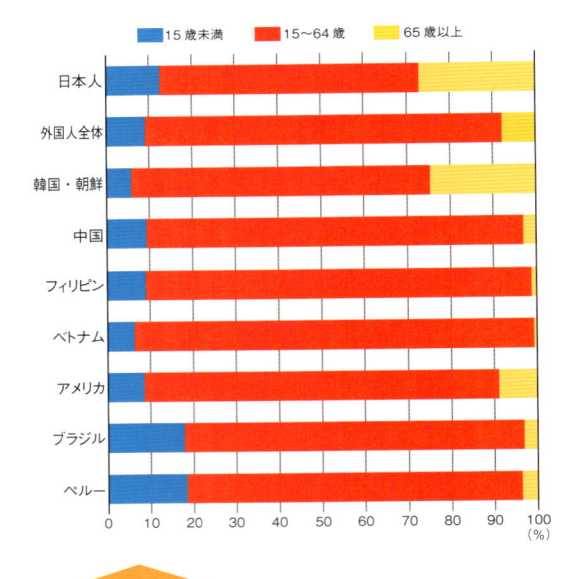

図5-1　日本人・外国人の年齢構成
資料：2015年国勢調査

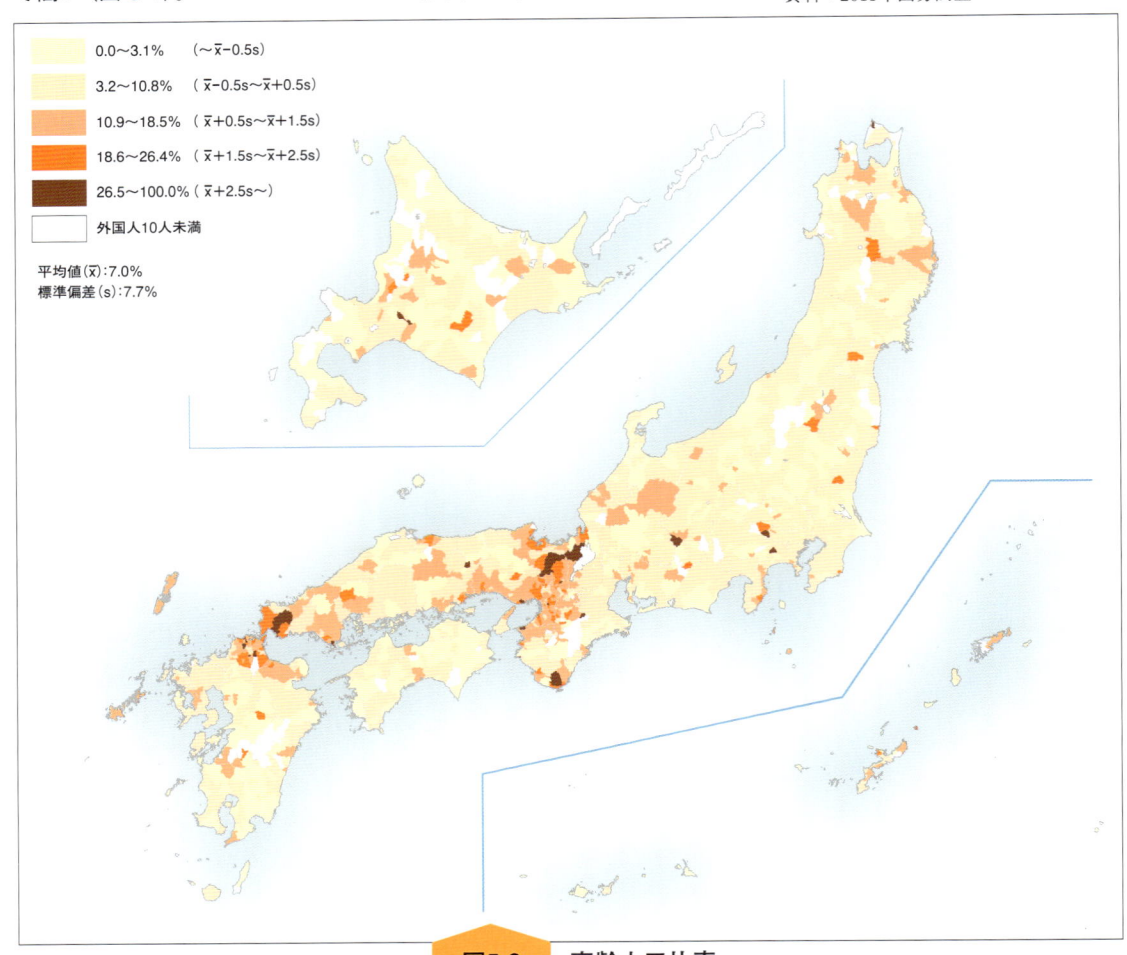

0.0〜3.1%　（〜x̄−0.5s）
3.2〜10.8%　（x̄−0.5s〜x̄+0.5s）
10.9〜18.5%　（x̄+0.5s〜x̄+1.5s）
18.6〜26.4%　（x̄+1.5s〜x̄+2.5s）
26.5〜100.0%（x̄+2.5s〜）
外国人10人未満

平均値（x̄）：7.0%
標準偏差（s）：7.7%

図5-2　高齢人口比率

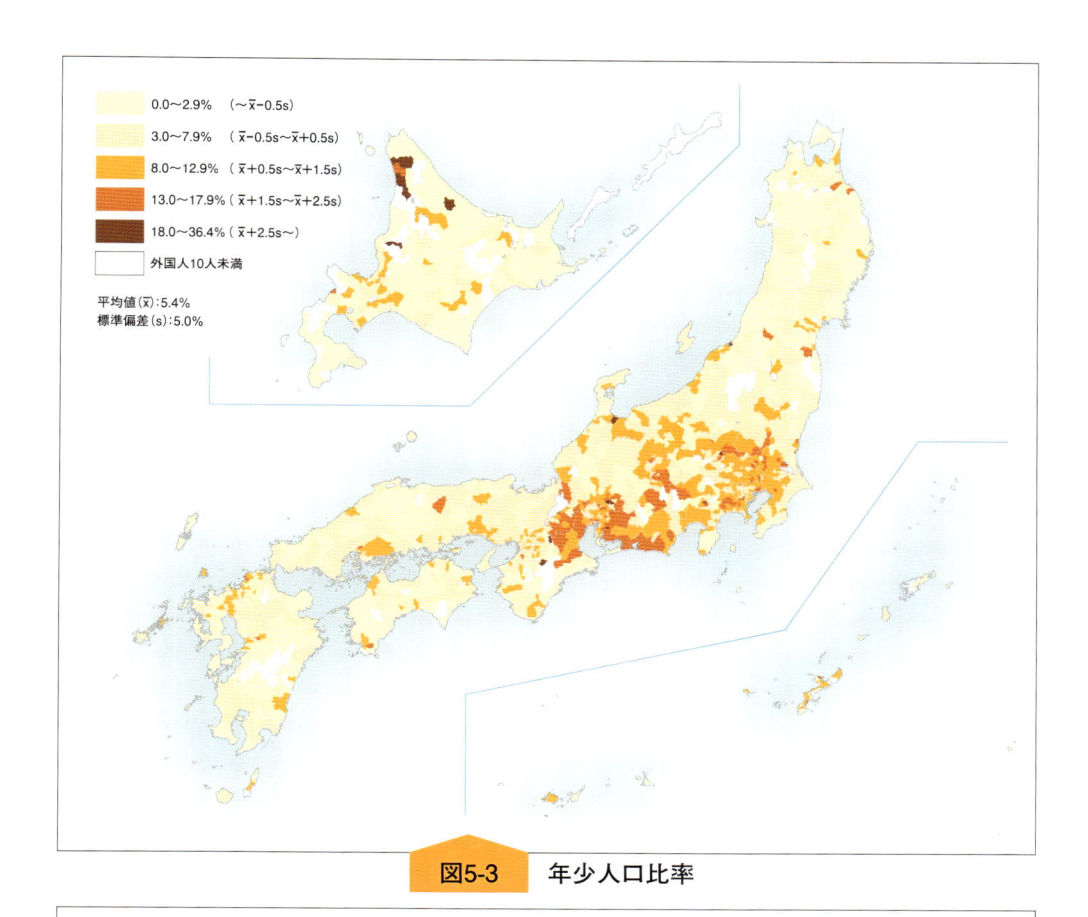

図5-3　年少人口比率

- 0.0〜2.9%　（〜x̄-0.5s）
- 3.0〜7.9%　（x̄-0.5s〜x̄+0.5s）
- 8.0〜12.9%　（x̄+0.5s〜x̄+1.5s）
- 13.0〜17.9%（x̄+1.5s〜x̄+2.5s）
- 18.0〜36.4%（x̄+2.5s〜）
- 外国人10人未満

平均値(x̄):5.4%
標準偏差(s):5.0%

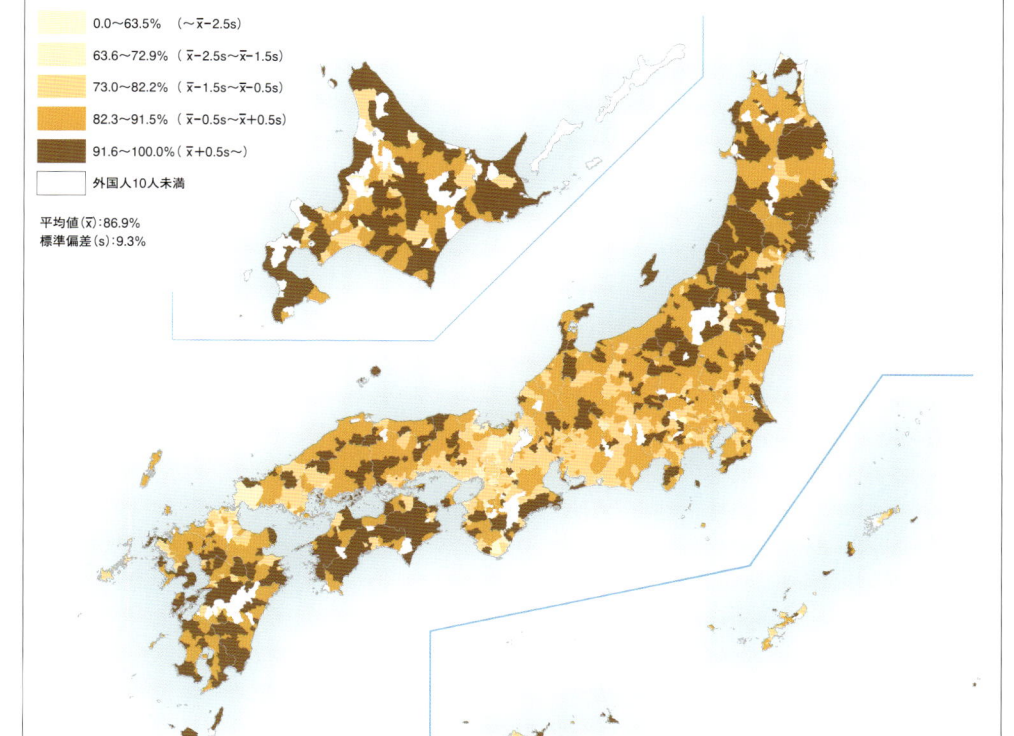

図5-4　生産年齢人口比率

- 0.0〜63.5%　（〜x̄-2.5s）
- 63.6〜72.9%（x̄-2.5s〜x̄-1.5s）
- 73.0〜82.2%（x̄-1.5s〜x̄-0.5s）
- 82.3〜91.5%（x̄-0.5s〜x̄+0.5s）
- 91.6〜100.0%（x̄+0.5s〜）
- 外国人10人未満

平均値(x̄):86.9%
標準偏差(s):9.3%

1980年代半ばまで、日本に居住する外国人の大部分は、かつて日本の植民地とされていた台湾や朝鮮半島から植民地本国である「内地」に移住した人びとの子孫だった（オールドカマーと称される）。現在は特別永住者という在留資格に一本化され、そのほとんどを韓国籍、朝鮮籍が占める（後者は国籍を意味しない）。

図6-1のように特別永住者の数は減少し続けており、在留外国人に占める割合は2割を下回っている。一・二世代の高齢化に加え、帰化や国籍を越えた婚姻、生まれる子どもたちの日本国籍取得が増えたことによる（特別永住者よりも「コリア系日本人」の方が多数とみてよい）。

1980年代後半から90年代に韓国からのニューカマーが増えたが、全体では減少傾向が続いている。ニューカマーは近年、15万人程度で増減しており、韓国・朝鮮籍の3割程度に留まる。ニューカマーは東京圏に、特別永住者は京阪神圏に集中する度合いが高い。

在留外国人全体についてみた場合、オールドカマー（特別永住者）の割合が高いのは愛知から福岡にかけての一帯で、特に京阪神3府県や山口県では全体の4割程度を占める（図6-2）。

図6-3は、ニューカマーも含めた韓国・朝鮮籍人口の外国籍人口に占める割合を市区町村単位にみたものである。高い割合の市区町村が連続するのは、京阪神圏都市域や関門地域など、オールドカマー集住域である。　　　　　　（千葉立也）

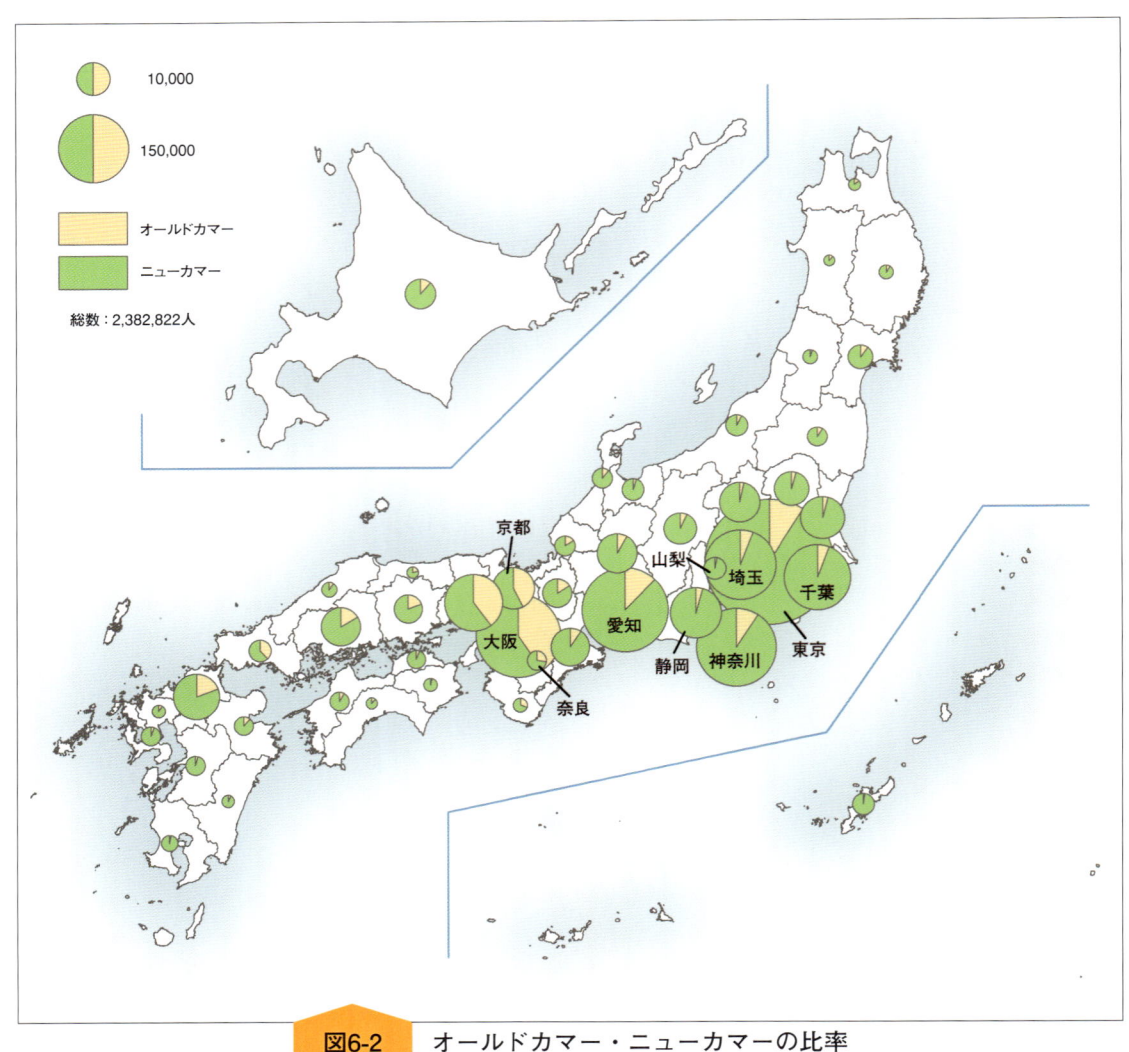

図6-2　オールドカマー・ニューカマーの比率

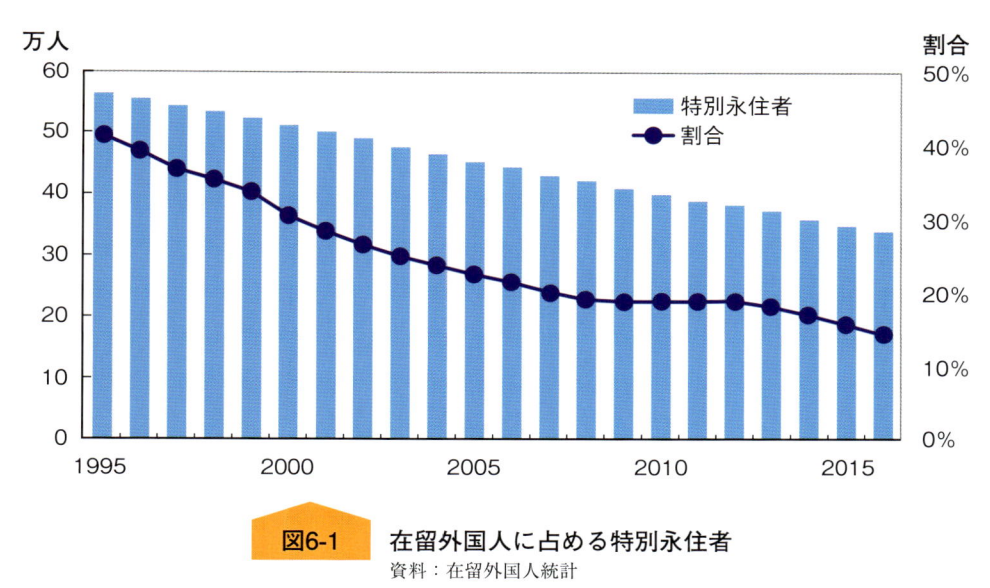

図6-1 在留外国人に占める特別永住者

資料：在留外国人統計

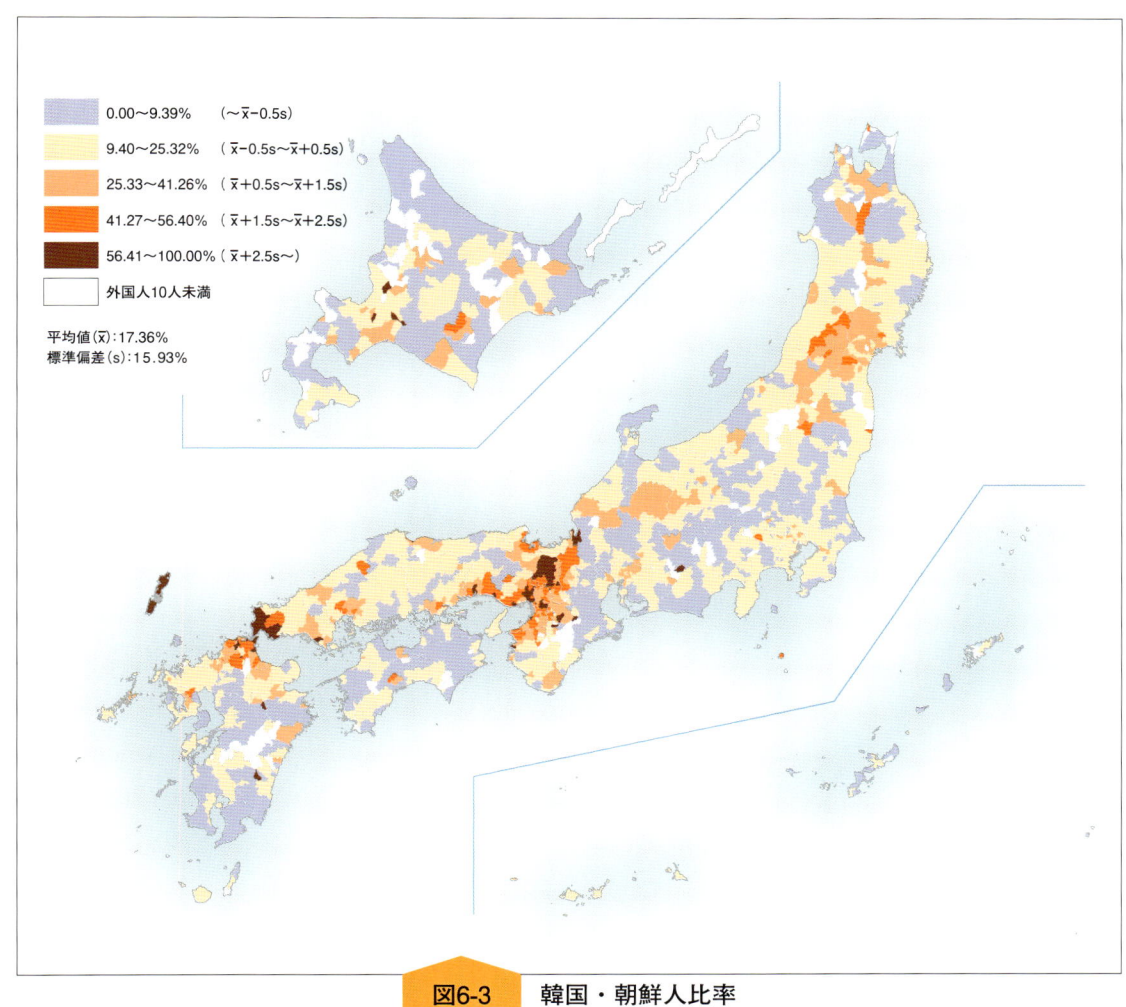

凡例：

- 0.00～9.39%　（～x̄−0.5s）
- 9.40～25.32%　（x̄−0.5s～x̄+0.5s）
- 25.33～41.26%　（x̄+0.5s～x̄+1.5s）
- 41.27～56.40%　（x̄+1.5s～x̄+2.5s）
- 56.41～100.00%（x̄+2.5s～）
- 外国人10人未満

平均値（x̄）：17.36%
標準偏差（s）：15.93%

図6-3 韓国・朝鮮人比率

2016年12月現在の在留外国人統計では国籍別人口で中国人、ブラジル人、フィリピン人はそれぞれ1位、5位、3位を占める。中国人は中国帰国者とその家族、留学生、企業勤務者・起業家、結婚移民、技能実習生が多い。ブラジル人は日系人がほとんどで、フィリピン人は結婚移民および日系人が多い。新規来住が多い中国人が増加を続けたのに対し、自動車産業での従事が多いブラジル人はリーマンショック以降に減少、フィリピン人は微増を続けている（図7-1）。

中国人数は主に首都圏に多いが、過疎地でも技能実習生が働いており、北海道の中・北部をはじめ本州内陸部で比率の高い自治体が点在する（図7-2）。対照的に、ブラジル人は東海地方の工業都市に集中し、それ以外の地域にはほぼいない（図7-3）。フィリピン人は北東北、四国、九州の過疎地や離島で暮らす結婚移民が高比率地区の点在を形成するが、2000年代から日系人の集住地区が三重県松阪市などの東海地方で現れている（図7-4）。

（高畑　幸）

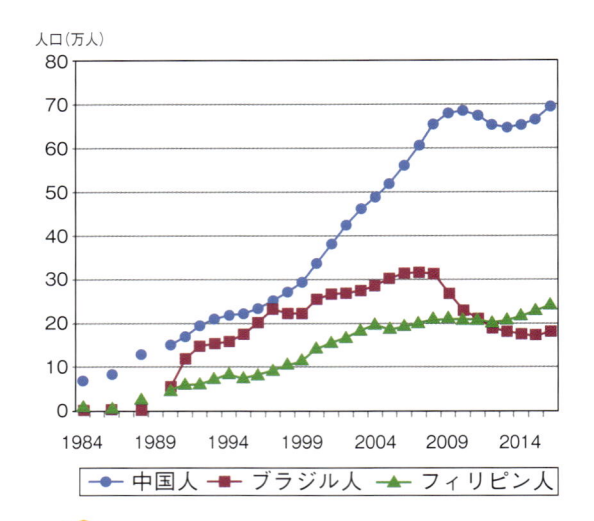

図7-1　中国人、ブラジル人、フィリピン人の人口推移

資料：在留外国人統計

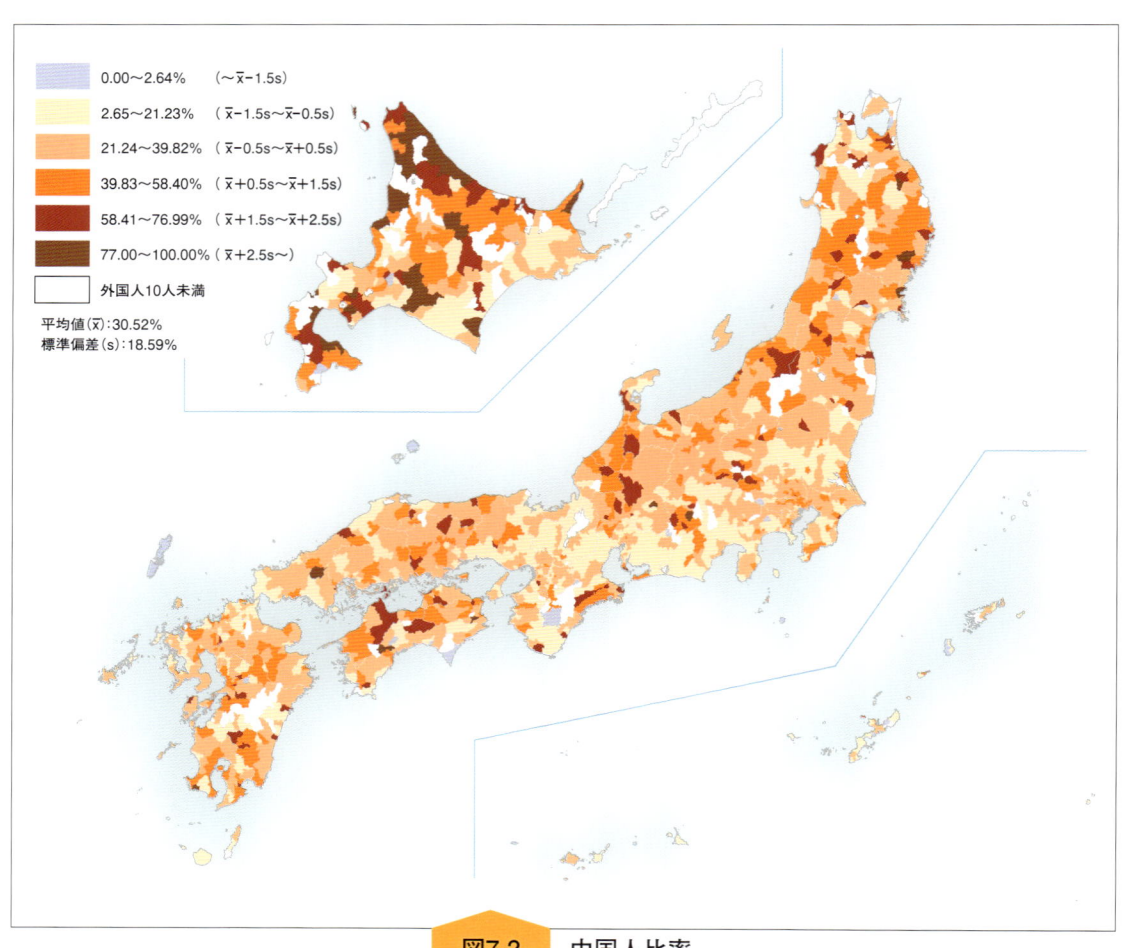

図7-2　中国人比率

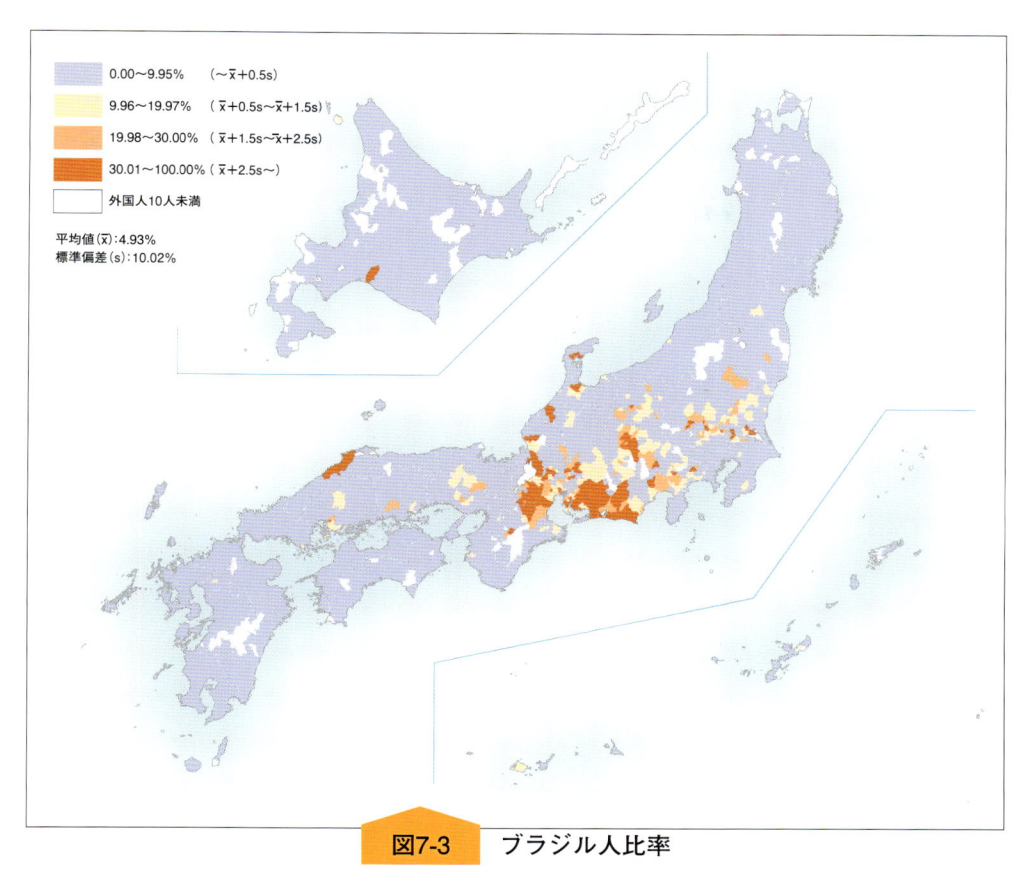

図7-3 ブラジル人比率

凡例:
- 0.00〜9.95%　　（〜$\bar{x}+0.5s$）
- 9.96〜19.97%　（$\bar{x}+0.5s〜\bar{x}+1.5s$）
- 19.98〜30.00%　（$\bar{x}+1.5s〜\bar{x}+2.5s$）
- 30.01〜100.00%（$\bar{x}+2.5s〜$）
- 外国人10人未満

平均値（$\bar{x}$）:4.93%
標準偏差（s）:10.02%

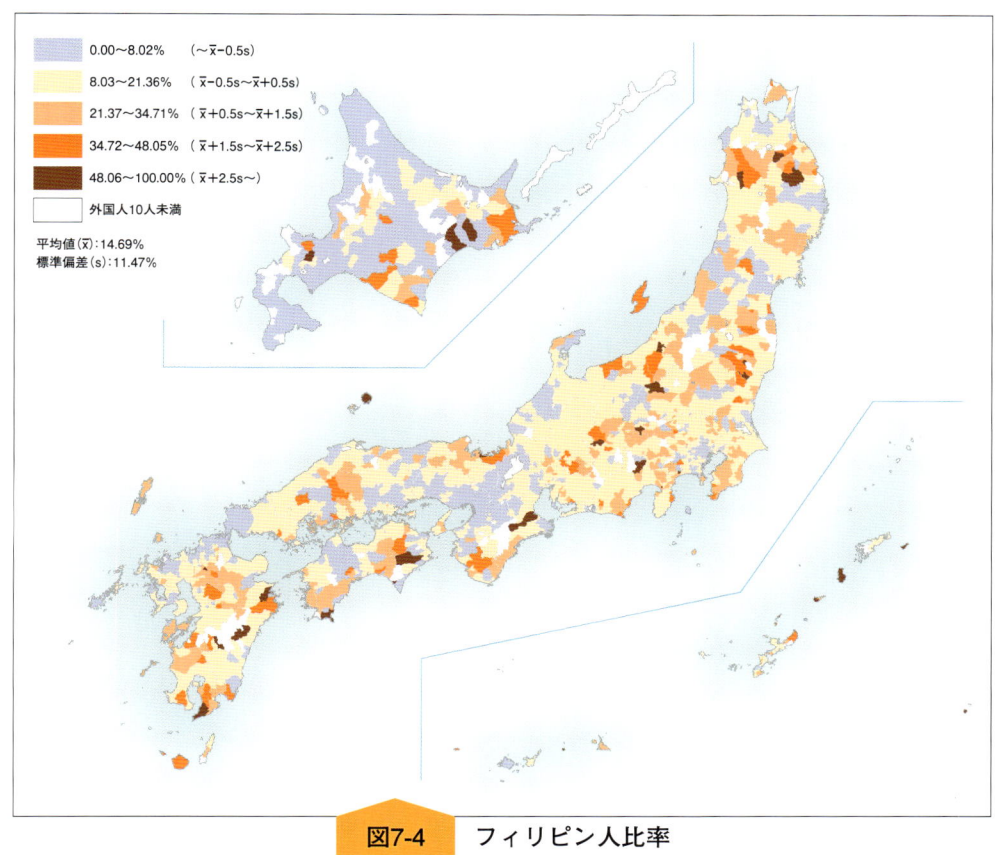

図7-4 フィリピン人比率

凡例:
- 0.00〜8.02%　　（〜$\bar{x}-0.5s$）
- 8.03〜21.36%　（$\bar{x}-0.5s〜\bar{x}+0.5s$）
- 21.37〜34.71%　（$\bar{x}+0.5s〜\bar{x}+1.5s$）
- 34.72〜48.05%　（$\bar{x}+1.5s〜\bar{x}+2.5s$）
- 48.06〜100.00%（$\bar{x}+2.5s〜$）
- 外国人10人未満

平均値（$\bar{x}$）:14.69%
標準偏差（s）:11.47%

　リーマンショックを受けてアメリカ人とタイ人の人口は一時下がったが、2012年をボトムとしてその後増加に転じている。他方、ペルー人人口は減少傾向にある（図8-1）。

　在留外国人総数に占める比率という点で、沖縄県ではアメリカ人比率が非常に高い市町村が目立つ。米軍基地のゆえである。北海道北部、四国、紀伊半島などにもそうした市町村があるが、これは外国人総数があまりにも少なく、学校教育などでの英語教師として来日したアメリカ人とその家族のゆえであると考えられる（図8-3）。絶対数でみればアメリカ人が多いのは東京大都市圏である。2015年国勢調査に基づいて1都3県を合計すると2万人を超える。大阪、京都、兵庫の2府1県の合計は約4,500人である。

　ペルー人比率が高いのは自動車工業地域などに（図8-2）、タイ人比率が高いのは大都市圏に近い労働集約的農業が盛んな地域や北海道の水産加工業地域に認められる（図8-4）。しかし絶対数が多いのは東京大都市圏である。　　　　（山本健兒）

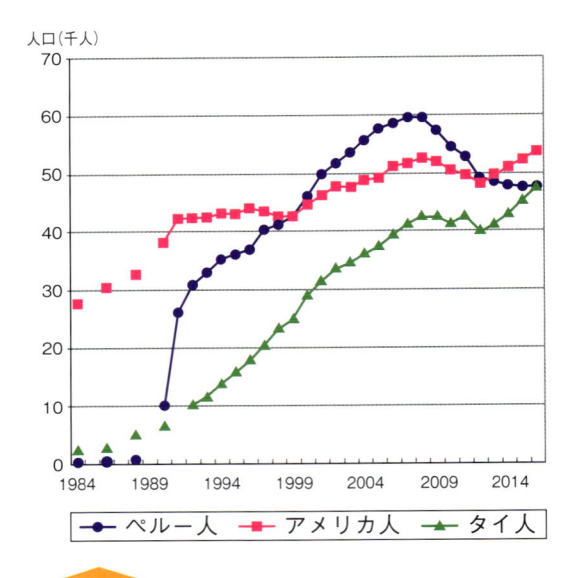

図8-1　ペルー人、アメリカ人、タイ人の人口推移
資料：在留外国人統計

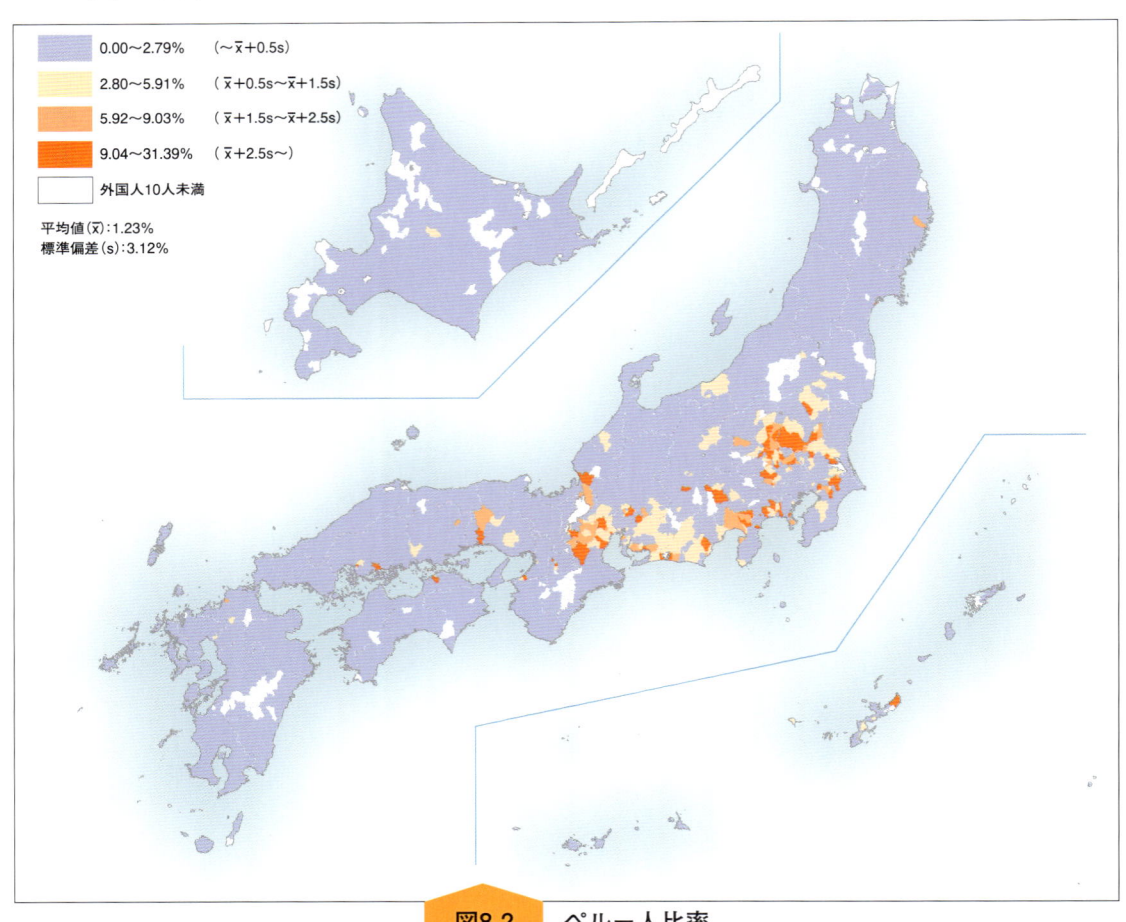

図8-2　ペルー人比率

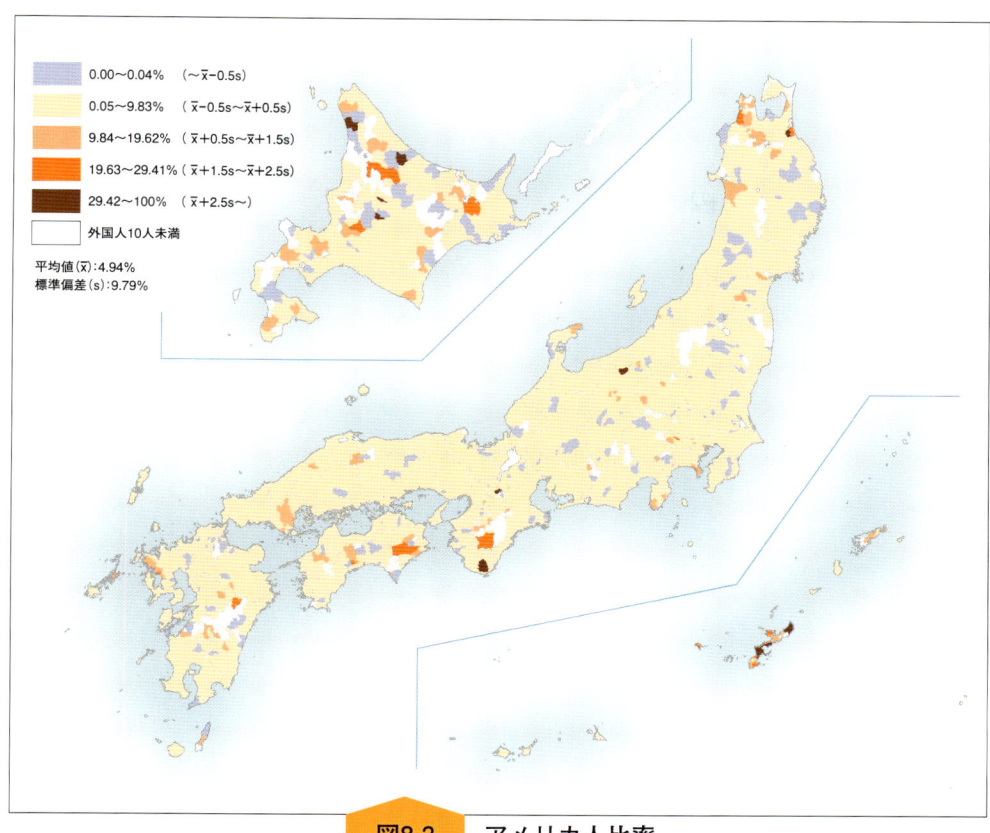

図8-3　アメリカ人比率

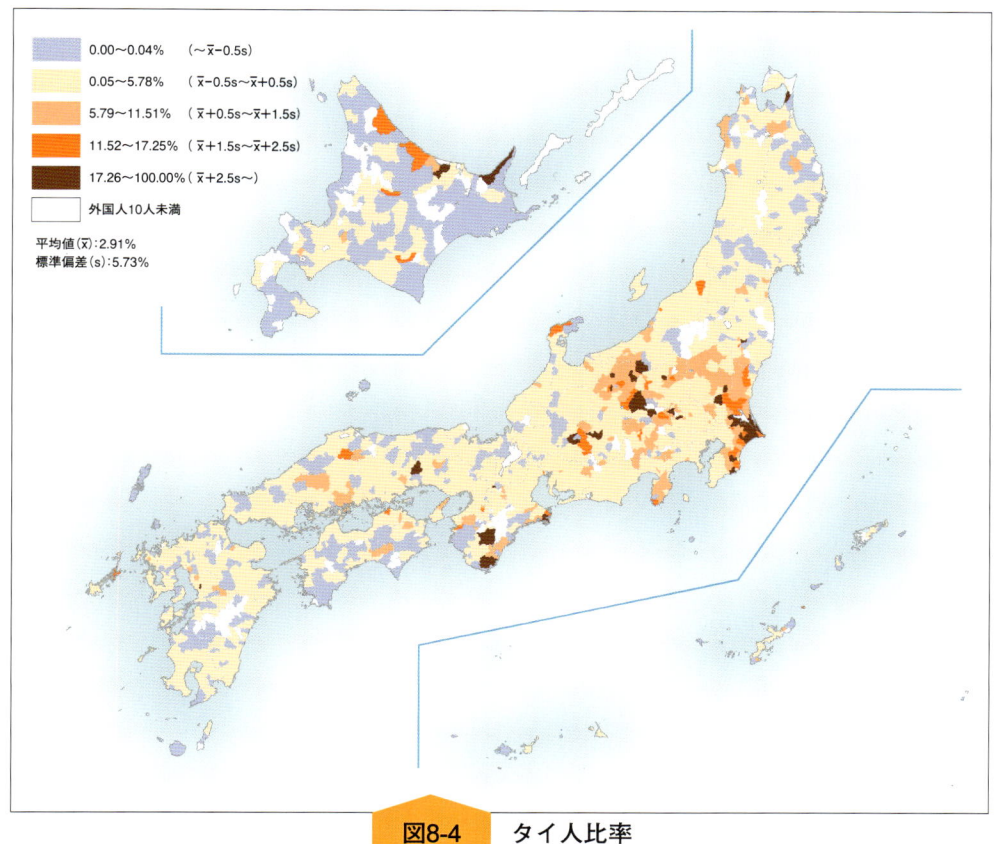

図8-4　タイ人比率

　ベトナム人とネパール人は 2010 年代に急増し、ベトナム人はブラジル人に次いで多い。ネパール人も、在留外国人統計によればすでに 2015 年 6 月時点で 4 万 8 千人を超えており、約 4 万 4 千人のタイ人を上回っていた。インドネシア人は約 3 万 2 千人である（図 9-1）。

　在留外国人総数に占めるベトナム、インドネシア、ネパールの各国籍人口比率の全国平均に比べて非常に高い比率を示す市町村は、労働集約的な第一次産業やその一次加工などに特徴ある場所で、日本全国に分散している（図 9-2、9-3、9-4）。しかしいずれも絶対数でみると東京、大阪、名古屋の 3 大都市圏に多い。

　とはいえ、各国民特有の分布パターンもみられる。ベトナム人は大企業工場やその 1 次サプライヤー工場が立地する地方自治体に多い。これに対してネパール人は外国人のための日本語学校や、留学生を積極的に受け入れる大学の活動が顕著な地方自治体に多い。その典型が福岡大都市圏である。
（山本健兒）

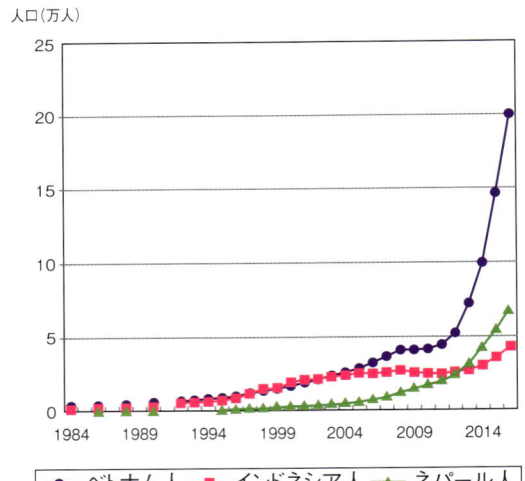

図9-1　ベトナム人、インドネシア人、ネパール人の人口推移
資料：在留外国人統計

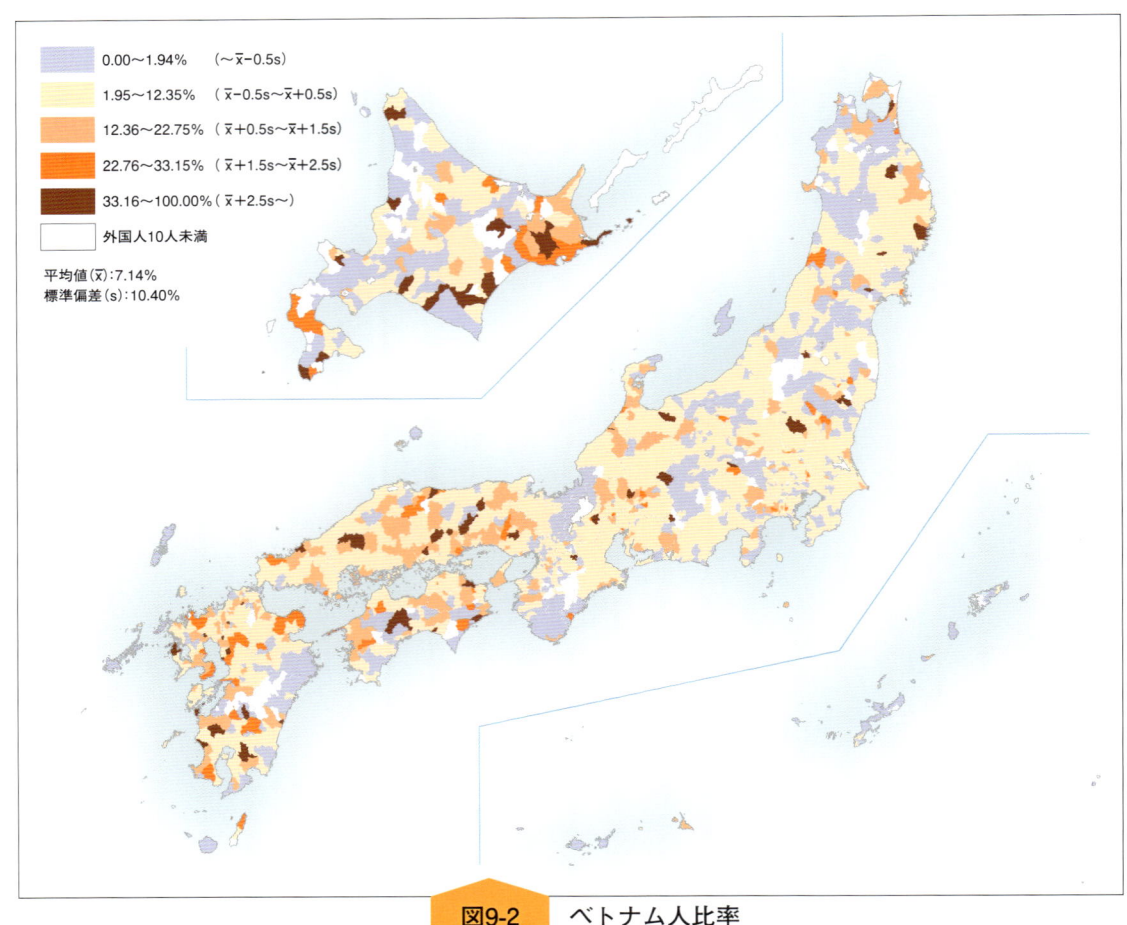

図9-2　ベトナム人比率

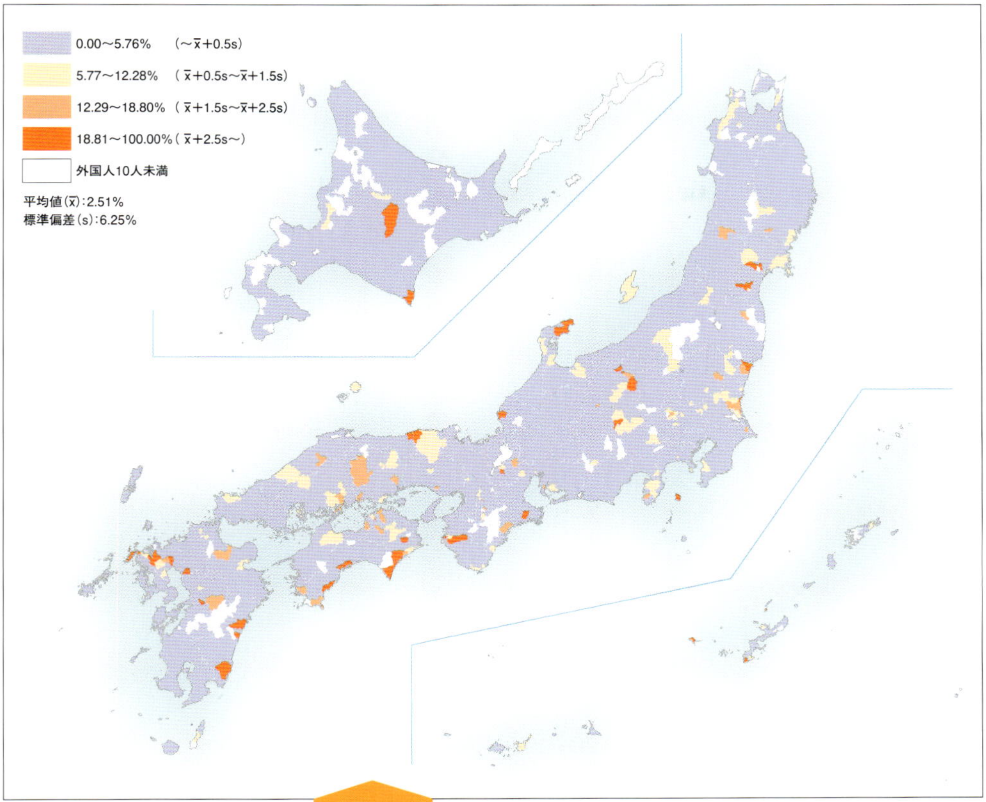

0.00～5.76%　(～x̄+0.5s)
5.77～12.28%　(x̄+0.5s～x̄+1.5s)
12.29～18.80%　(x̄+1.5s～x̄+2.5s)
18.81～100.00%　(x̄+2.5s～)
外国人10人未満
平均値(x̄):2.51%
標準偏差(s):6.25%

図9-3　インドネシア人比率

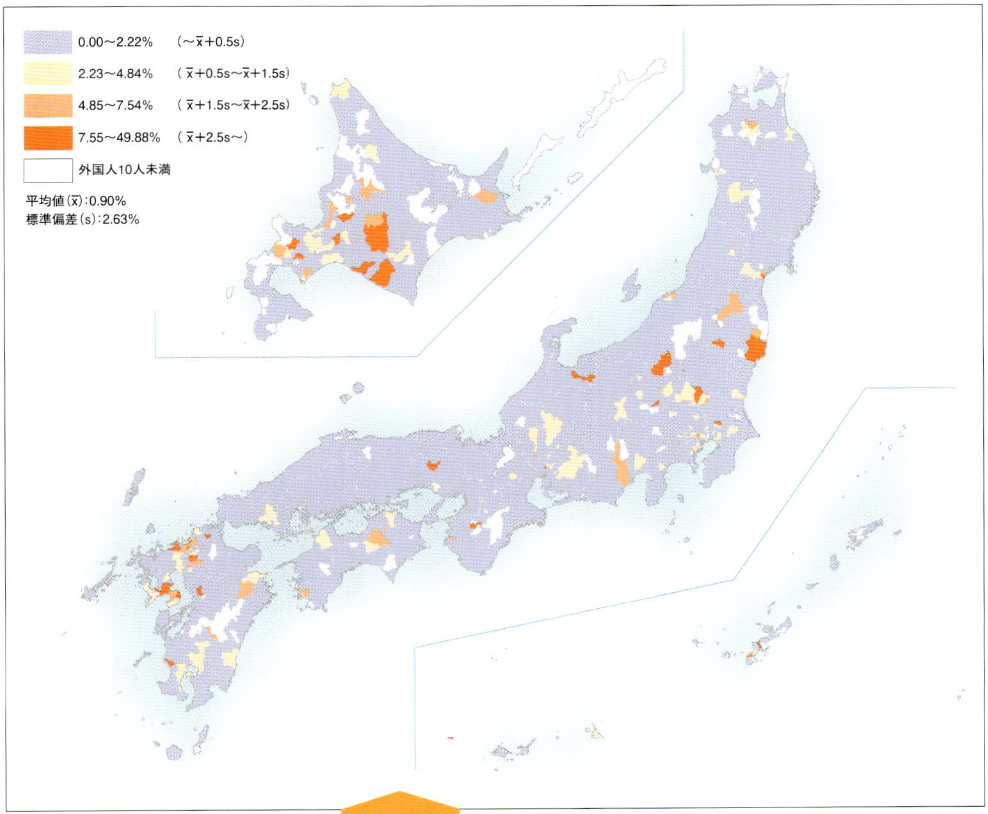

0.00～2.22%　(～x̄+0.5s)
2.23～4.84%　(x̄+0.5s～x̄+1.5s)
4.85～7.54%　(x̄+1.5s～x̄+2.5s)
7.55～49.88%　(x̄+2.5s～)
外国人10人未満
平均値(x̄):0.90%
標準偏差(s):2.63%

図9-4　ネパール人比率

10 中国人

日本に在留する外国人の割合を国籍別にみると、中国人（台湾を含まない）が69万5,522人で最も多く、全体の29.2%を占める（2016年12月末、在留外国人統計）。なかでも、東京、神奈川、埼玉、千葉の1都3県には、在日中国人の51.7%が集中している（図10-1）。1980年代後半以降、アルバイトをしながら日本語学校で学ぶ中国出身の就学生などが急増した。当初、単身で来日し、狭いアパートで共同生活を送っていた中国人が、しだいに結婚、子育てなどで、より広い住宅・アパートを求めて、東京都心から隣県へ移り住むようになったことで、郊外化が進んでいる。

在留資格別にみると、中国人の日本への定住化を反映し永住者が最も多く、これに留学、技能実習、家族滞在などが続く（表10-1）。

2000年および2016年の都道府県別の在留中国人の分布を比較すると、東京、神奈川、埼玉、千葉の首都圏への集中が続き、大阪、愛知でも増加が著しい。そのほか中国人の分布は全国各県に拡大している（図10-2、10-3）。　　　（山下清海）

在留資格	該当者数（人）	比率（%）
永住者	238,438	34.3
留　学	115,278	16.6
技能実習	80,857	11.6
家族滞在	69,784	10.0
技術・人文知識・国際業務	68,274	9.8
日本人の配偶者等	32,479	4.7
定住者	27,140	3.9
技　能	15,606	2.2
永住者の配偶者等	12,984	1.9
その他	34,682	5.0
合　　計	695,522	100.0

表10-1　中国人の主な在留資格

資料：2016年12月在留外国人統計。注：表中の「技能実習」は、1号イ、1号ロ、2号イ、2号ロの合計

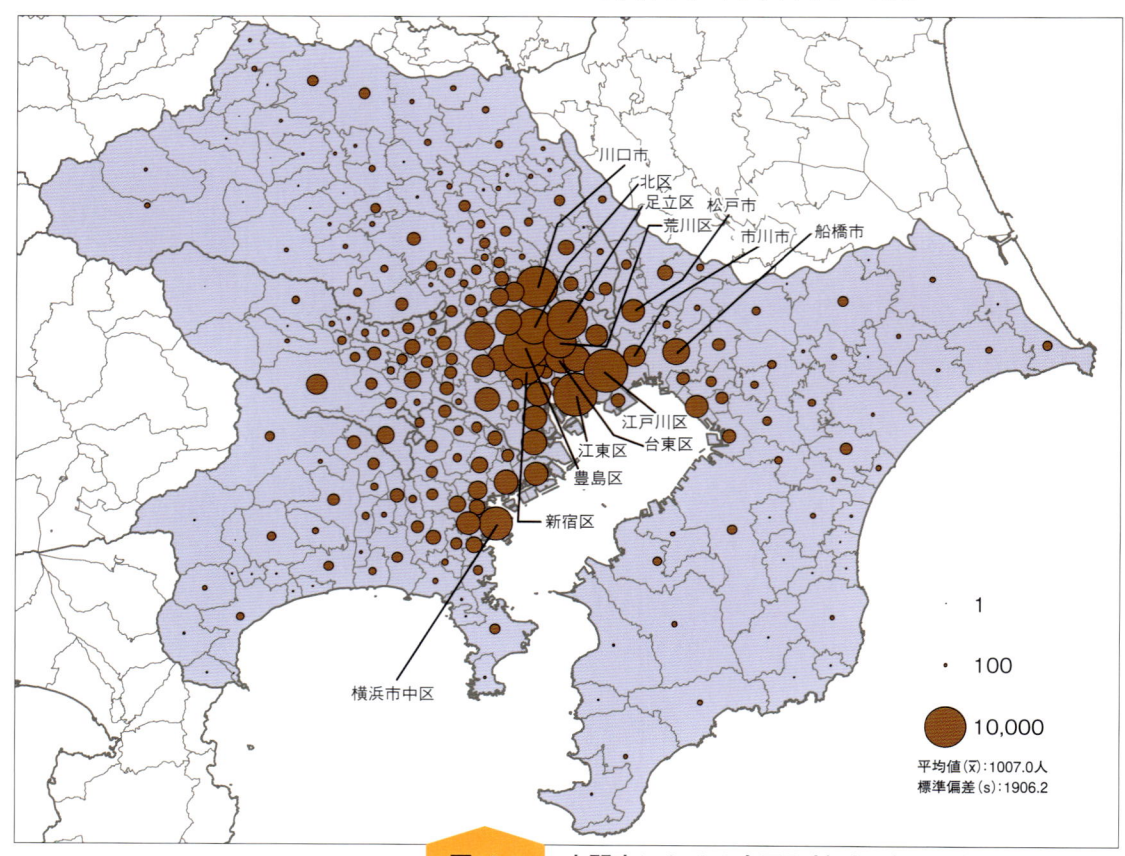

図10-1　南関東における市区町村別の中国人数

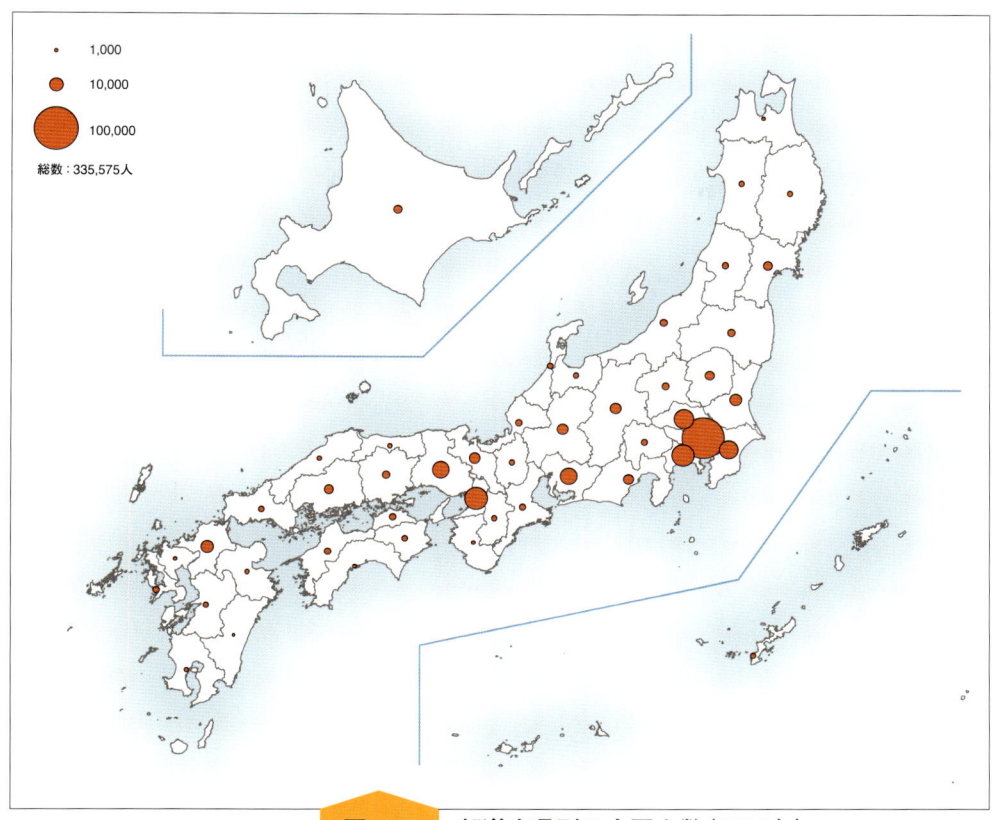

図10-2　都道府県別の中国人数（2000年）

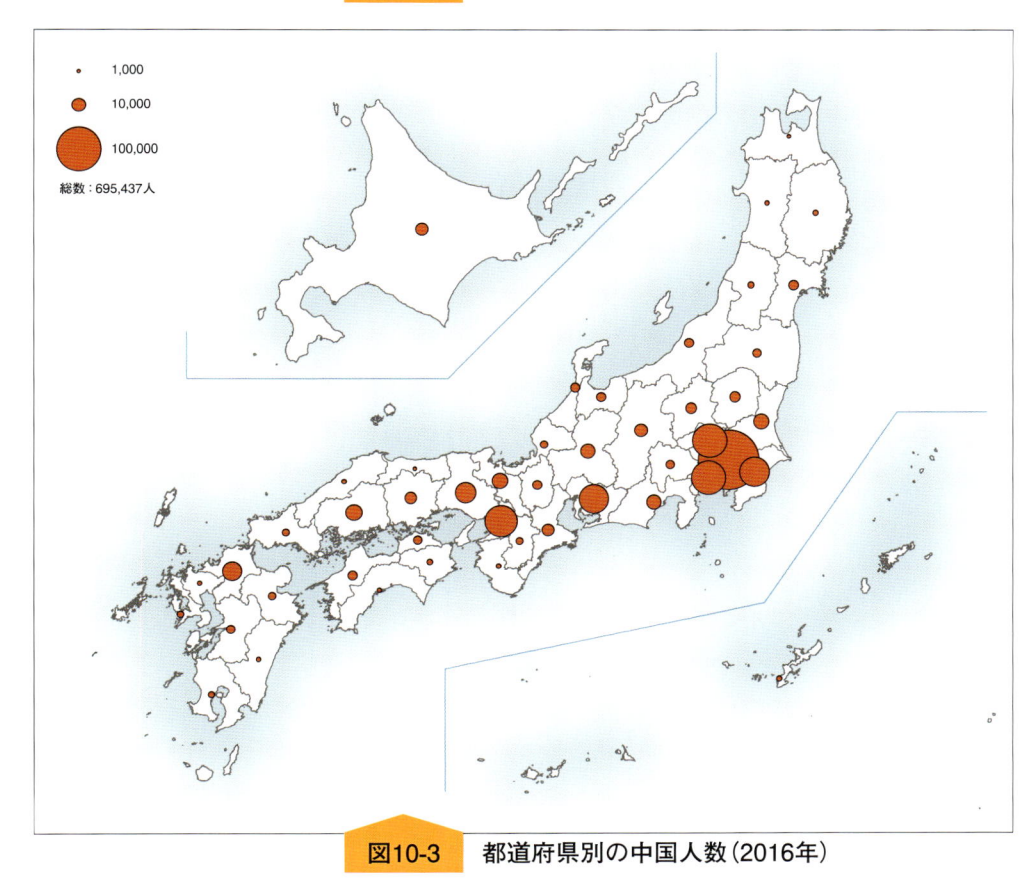

図10-3　都道府県別の中国人数（2016年）

　活動に基づく在留資格のうち、人数の多い上位10の資格に注目すると、最も人数の多い資格は留学であり、27万人、ついで技能実習の22万人、技術・人文知識・国際業務の16万人、家族滞在の14万人となっている（図11-1）。在留外国人全体のなかに占める割合は、それぞれ11.6%、9.6%、6.8%、6.3%である。加えて、経営・管理、教育、企業については、21,000人、15,000人、11,000人であり、在留外国人の中で占める割合は、0.9%、0.7%、0.5%である。経営・管理、教育、技術・人文知識・国際業務、企業内転勤について、都道府県別の相違

に注目すると、教育を除いていずれも東京（神奈川、千葉、埼玉も含む）、愛知、大阪といった三大都市圏に集中している（図11-2〜図11-5）。経営・管理では、東京が9,000人と最も多く、埼玉が2,100人、千葉と神奈川がそれぞれ1,700人、大阪が1,600人であり、その他の都道府県はいずれも1,000人以下である。教育については、三大都市圏以外の都道府県にも、全国的に一定数が居住している。教育の在留資格で滞在する多くは、小中高等学校の語学教員であり、かれらが各地の学校で勤務していることがうかがえる。　　　　（竹ノ下弘久）

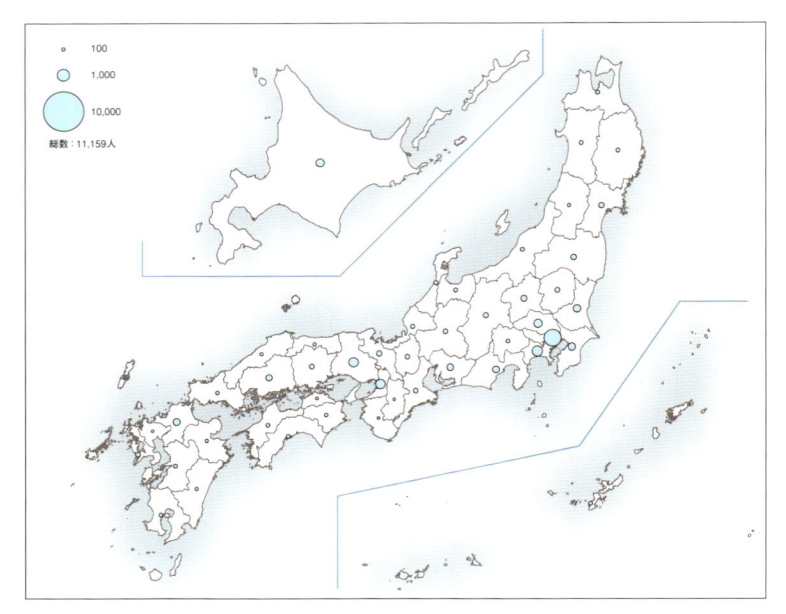

図11-2　経営・管理

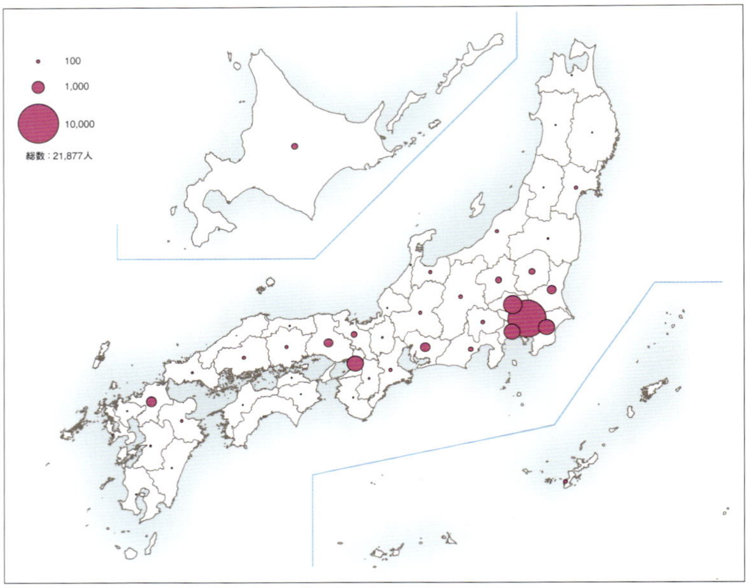

図11-3　教育

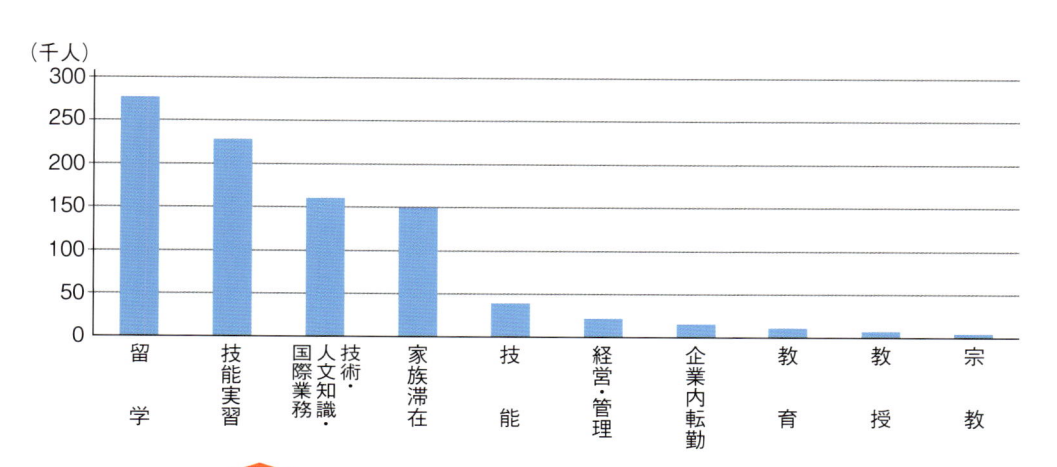

図11-1 上位の10資格

資料：2016 年 12 月在留外国人統計

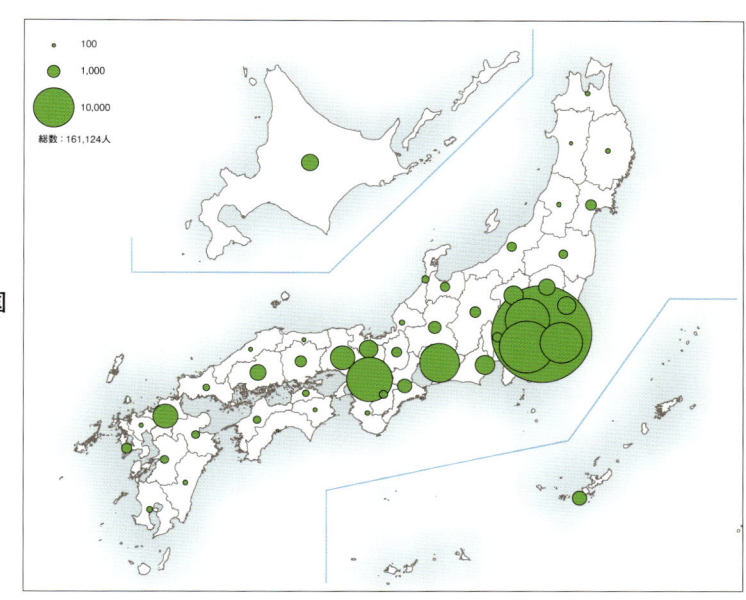

図11-4 技術・人文知識・国際業務

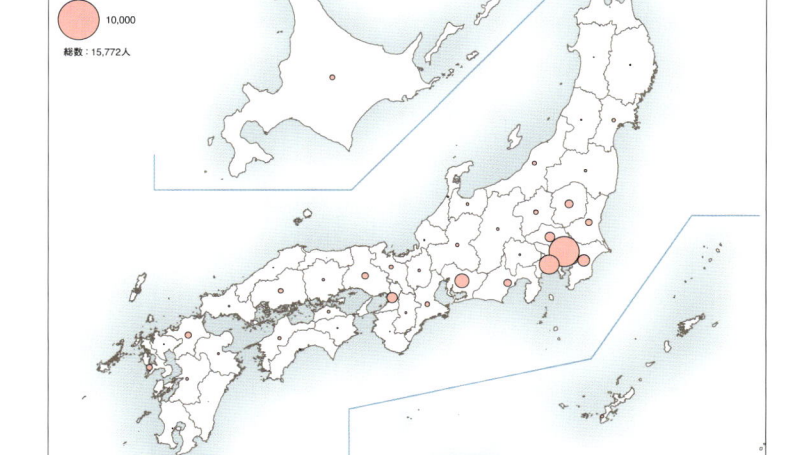

図11-5 企業内転勤

　就労が原則として認められない在留資格は留学と家族滞在などであるが、ただし資格外活動として28時間／週以内での就労が認められる。留学の場合、長期休暇期間中に1日8時間の就労が認められる。技能という在留資格は調理師やプロスポーツ選手などの各技能職に限定しての在留であり、東京大都市圏に多い（図12-1）。

　留学、家族滞在という資格での在留が多いのは中国人、ベトナム人、ネパール人である。特にネパール人の家族滞在比率が高いが、他の南アジア諸国人もこの比率が高い（表12-1）。

　技能実習は多国籍企業による「イ」と、製造業中小企業や農業での「ロ」とに分けられる。後者の技能実習生を多く送り出しているのは中国、ベトナム、フィリピン、インドネシアである。「イ」も含めて、タイ、マレーシア、ミャンマーなどからはさほど多くない。

　留学、家族滞在が多いのは三大都市圏や地方中枢都市である。技能実習も三大都市圏で多いが、他の工業都市や労働集約的農業地域などでも多い（図12-2 ～ 12-4）。　　　　　（山本健兒）

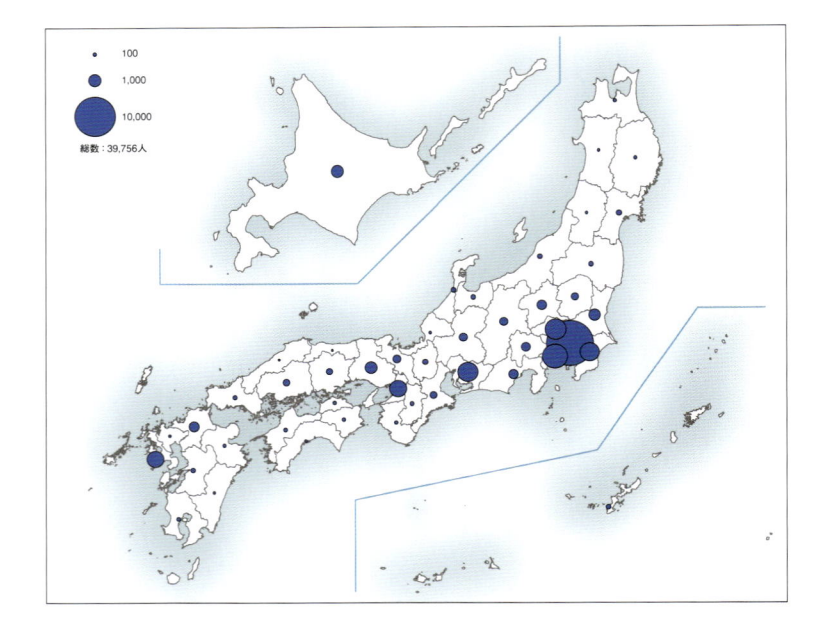

図12-1　技能

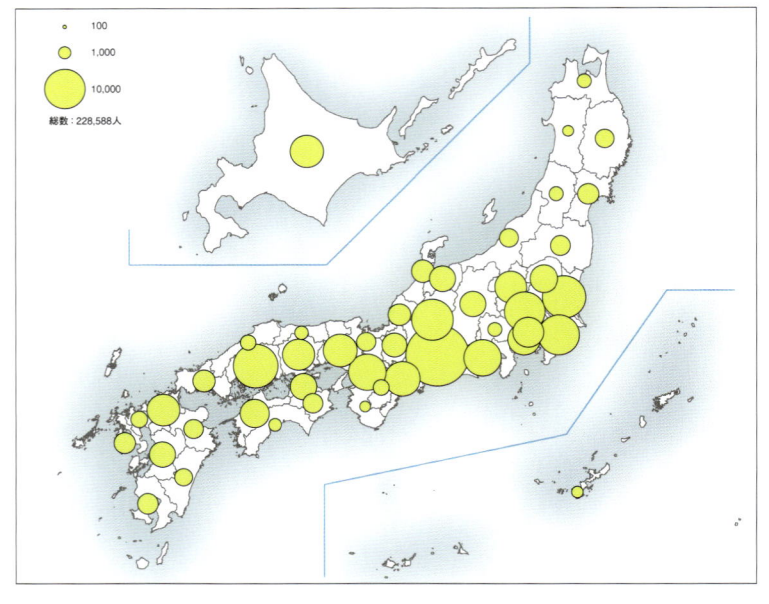

図12-2　技能実習

表12-1

就労が原則として認められていない在留資格と「技能実習」

	留学	研修	家族滞在	技能実習イ	技能実習ロ	在留総数
中国	115,278	232	69,784	2,702	78,155	695,522
韓国	15,438	24	12,187	4	-	453,096
フィリピン	1,825	106	2,846	1,383	21,291	243,662
ベトナム	62,422	197	7,623	1,603	86,608	199,990
ネパール	22,967	10	17,471	3	198	67,470
台湾	9,537	23	1,887	19	-	52,768
インドネシア	5,607	169	2,249	1,078	17,647	42,850
タイ	4,376	183	687	1,078	6,201	47,647
インド	1,188	33	6,956	25		28,667
ミャンマー	4,553	43	586	84	3,876	17,775
スリランカ	5,597	5	2,584	3	262	17,346
パキスタン	303	13	2,811	5	-	13,752
バングラデシュ	2,548	9	2,827	15	100	12,374
カンボジア	784	16	75	26	4,839	8,367
マレーシア	2,925	41	959	31	30	9,084
モンゴル	2,705	12	1,361	12	762	7,636
ラオス	228	6	42	3	391	2,668
全世界総数	277,331	1,379	149,303	8,150	220,438	2,382,822

資料：2016 年 12 月　在留外国人統計

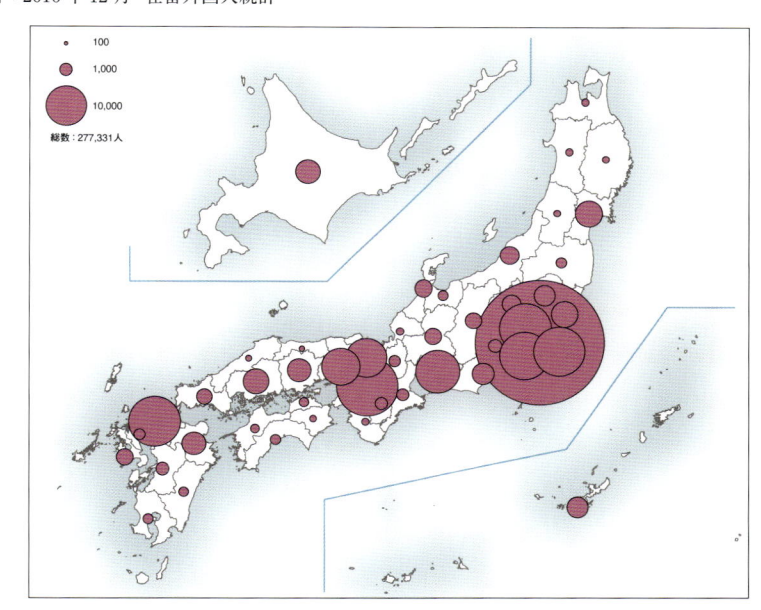

図12-3　留学

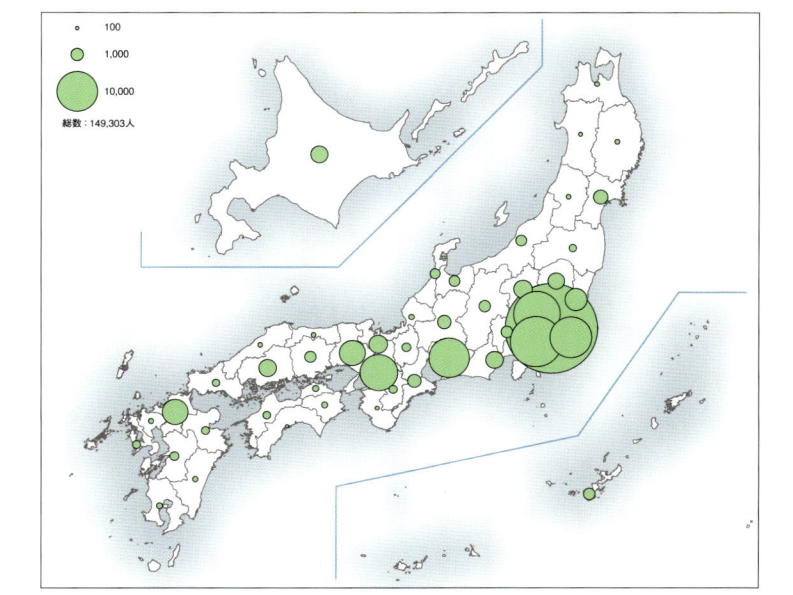

図12-4　家族滞在

　身分又は地位に基づく在留資格は、日本での活動に制限がない。東京都とその周辺の県、愛知県、大阪府に多い日本人の配偶者等は、2007年から減少している。その背景として、国際結婚件数の減少、および日本人の外国人配偶者や日系二世が在留資格を永住者に変更していることなどをあげることができる（図13-3、13-5）。永住者は1992年から14年間で16倍に増加しており、大都市に多いが全国に分散している（図13-1、13-3）。

　日系三世や日系二世の配偶者を多数含んでいる定住者は、関東から近畿にかけての太平洋側の工業地域に多い。定住者はリーマンショック後に減少したが、景気に緩やかな回復基調がみられるようになった2015年以降、上昇に転じている（図13-2、13-3）。オールドカマーの韓国人と朝鮮人が99%を占める特別永住者は、京阪神圏に集中しながらも、帰化や少子高齢化などにより減少し続けている（図13-3、13-4）。　　　　　（竹下修子）

図13-1　永住者

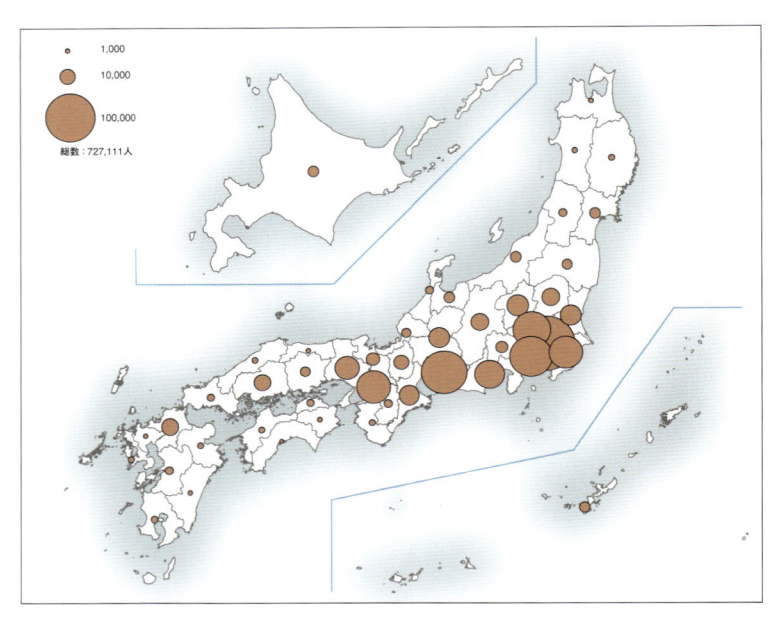

図13-2　定住者

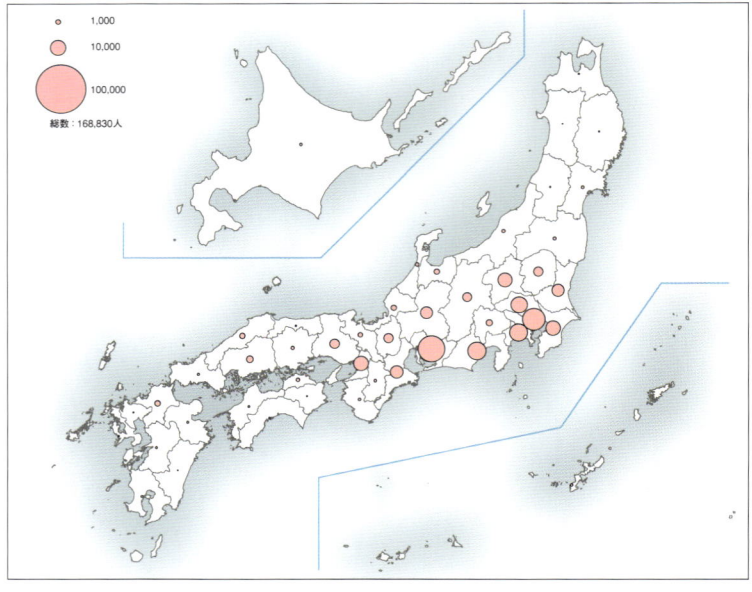

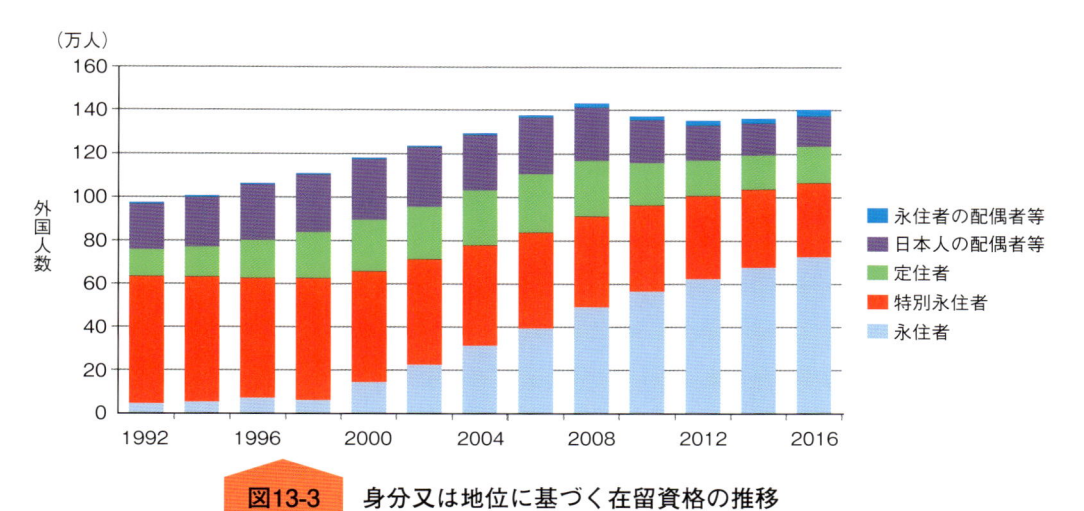

（万人）

外国人数

凡例：
- 永住者の配偶者等
- 日本人の配偶者等
- 定住者
- 特別永住者
- 永住者

図13-3 　身分又は地位に基づく在留資格の推移

資料： 在留外国人統計

図13-4 　特別永住者

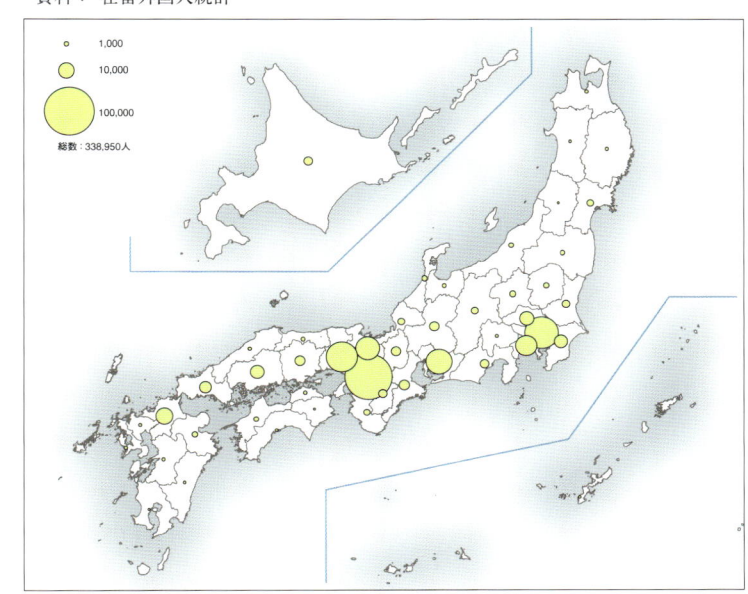

図13-5 　日本人の配偶者等

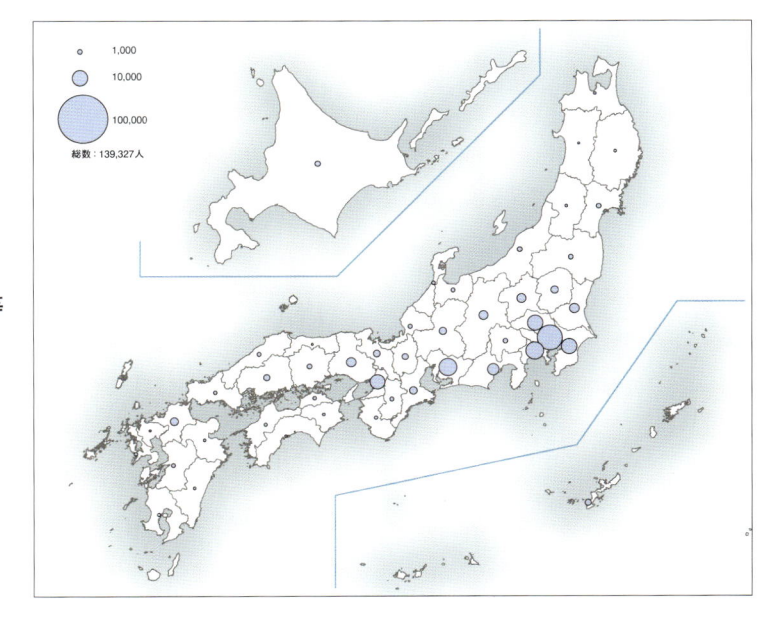

III 在留資格

労働力としての在留外国人を、就業者比率という観点からみてみよう。都道府県別にみて就業者比率が低いのは、三大都市圏内や宮城、福岡、大分など、大学が多く、留学ビザで滞在している学生が目立つ都府県である。それ以外の道県では、就業者比率が50%を超えており、特に島根、徳島、香川、愛媛では70%を超えている（図14-1）。つまり、外国人の就業者比率の地域差には、明瞭なパターンがある。

次に、二つの重要な産業部門である製造業とサービス業についてみてみよう。全国の就業者比率の平均が、製造業は39.2%、サービス業は17.3%であり、前者の産業部門で外国人労働力への依存が大きい。ただし、標準偏差は、前者が14.8%、後者が4.7%なので、製造業就業者比率の方が地域差が大きいといえる。この比率がとりわけ高いのは、岐阜と島根である。それに対し、東京圏と大阪圏を構成する都府県ではこの比率が低い（図14-2）。これは、図14-1の就業者比率の高低が製造業就業者比率の高低によって規定されている面が強いことをうかがわせる。サービス業就業者比率は、おおむね製造業就業者比率と逆相関を示しており、中部地方と北関東では低い（図14-3）。

（石川義孝）

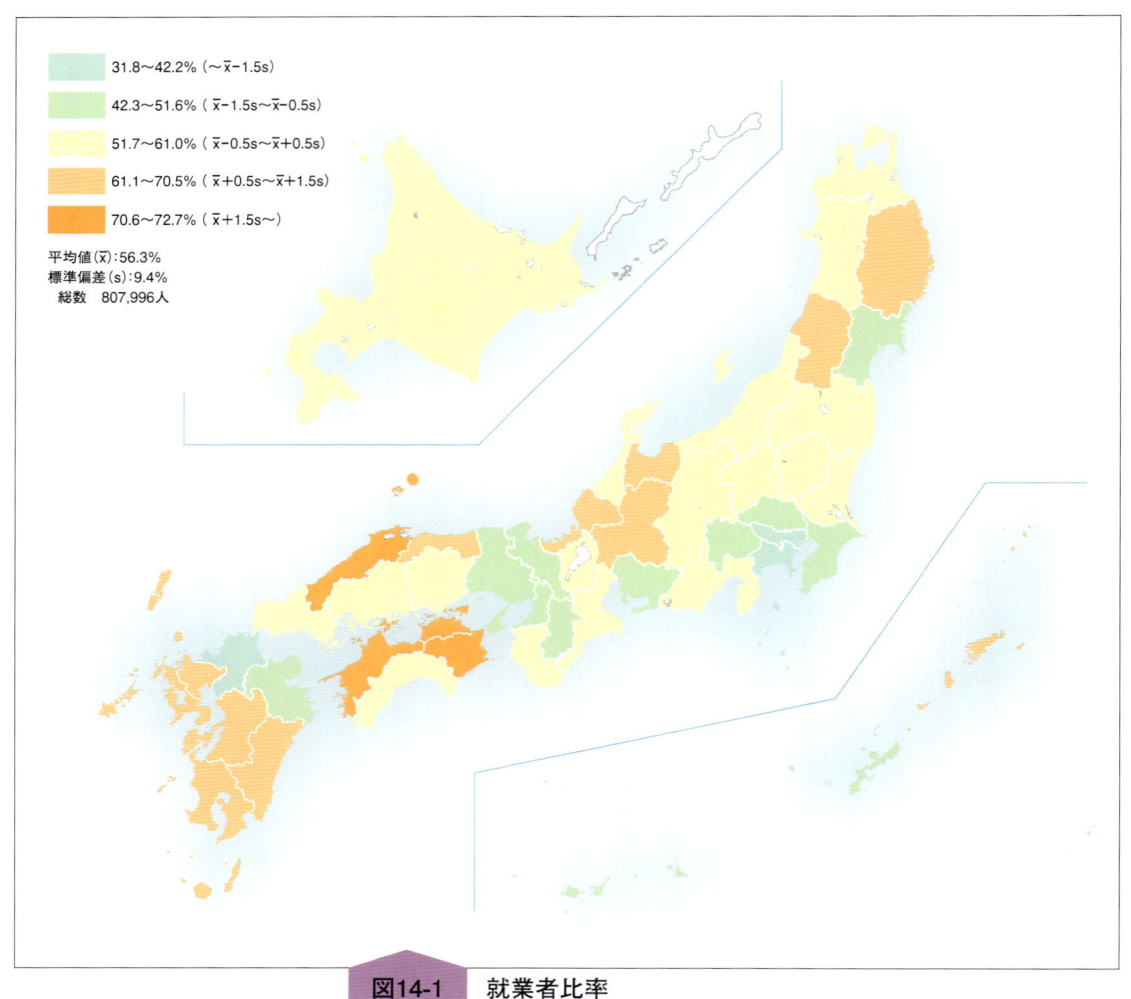

図14-1　就業者比率

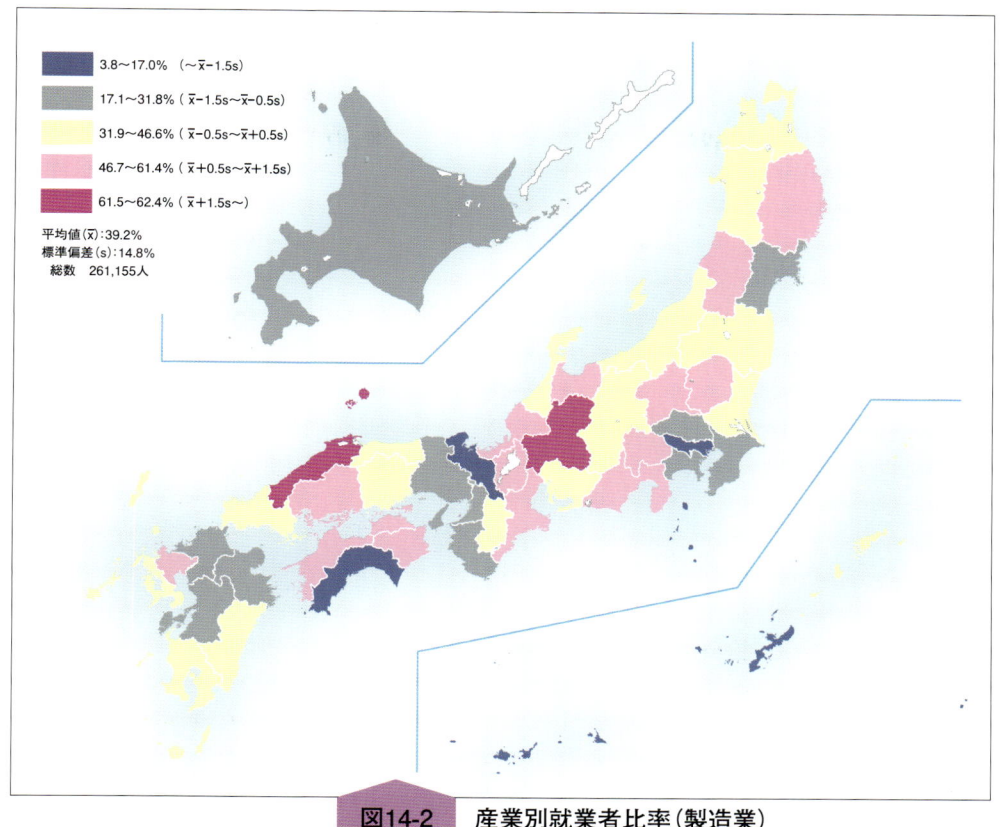

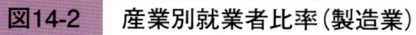

図14-2　産業別就業者比率（製造業）

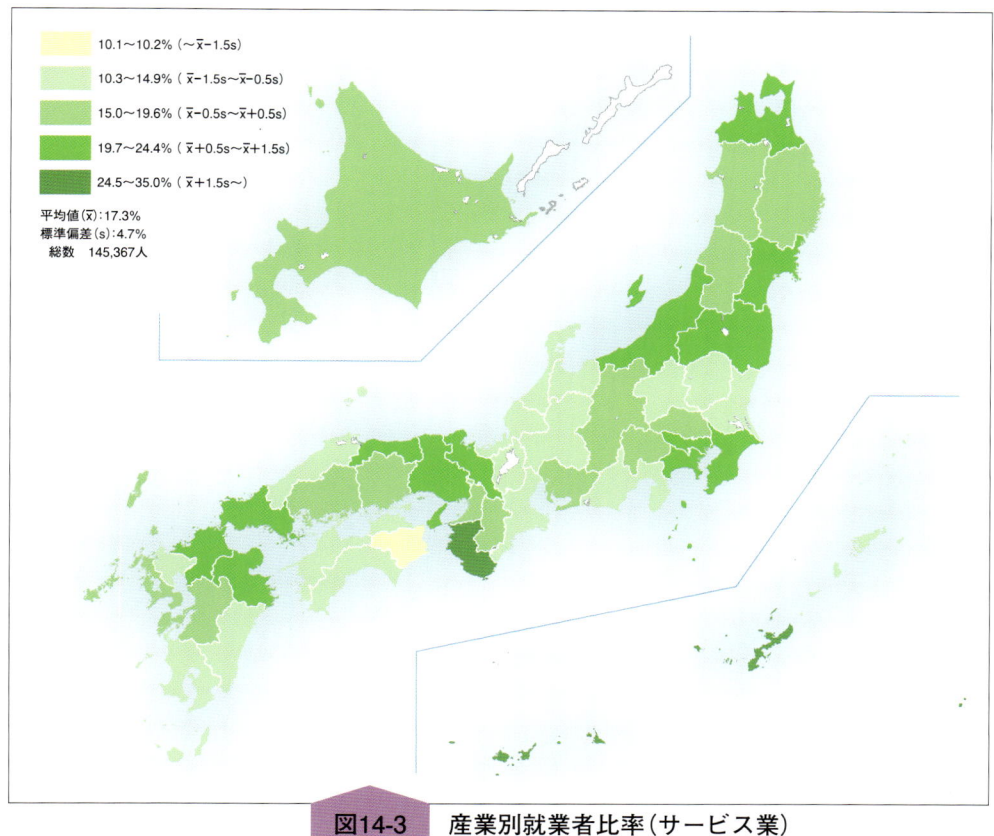

図14-3　産業別就業者比率（サービス業）

　外国人が日本で従事する職種をみることで、かれらが日本の労働市場にどのように組み込まれているかを理解することができる（図15-1）。2015年の国勢調査によれば、ブルーカラーの仕事の従事者は、日本人で3割程度だが外国人では4割を超える一方、それ以外の職種では、日本人よりも外国人の方が従事者割合が低い。事務職では両者の違いは大きく、日本人では2割弱だが、外国人では7%にすぎない。他方で、専門管理職と販売・サービス職では、両者の差は相対的に小さい。専門管理職では、日本人は18%で、外国人は15%であり、販売・サービス職では、日本人は24%、外国人は18%である。

　外国人の職業分布は、国籍によって大きく異なる。

アメリカでは、専門管理職の割合が68%と多くを占めるが、ブラジルでは4%、ペルーでは3%と非常に少ない。ブルーカラーでは、中国が38%、フィリピンとベトナムが6割、ブラジルとペルーは7割である。地域間の相違に着目すると、外国人のホワイトカラー比率は、東京、大阪といった大都市圏や、仙台、盛岡、秋田、札幌といった東北や北海道の中核都市において相対的に高い（図15-2）。外国人のブルーカラー比率は、東海や北関東といった製造業の集積する地域で高い。沿岸部や山間地域でも、外国人のブルーカラー比率の高い地域があり、かれらは、食品加工業などに従事していると考えられる（図15-3）。

（竹ノ下弘久）

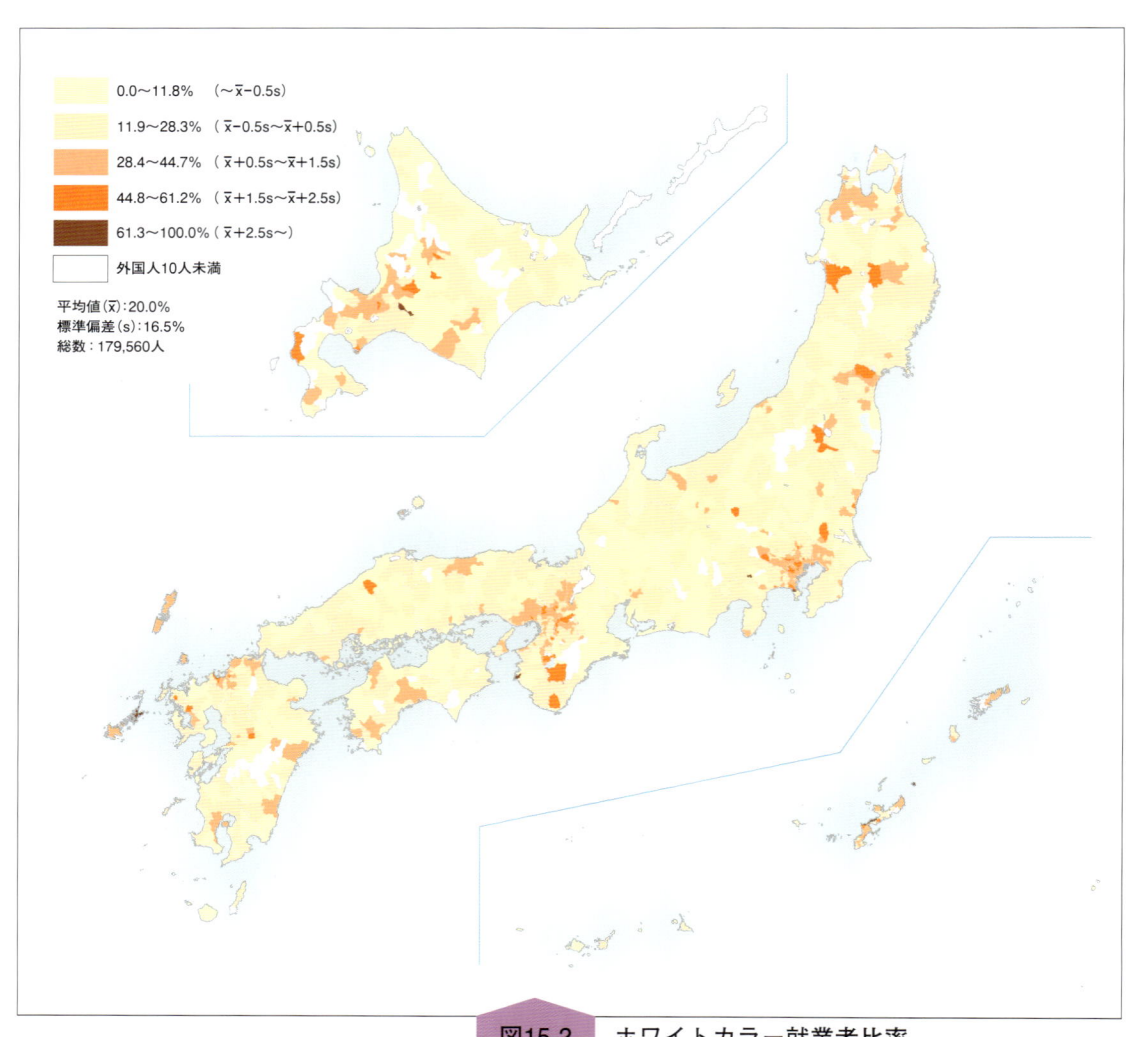

図15-2　ホワイトカラー就業者比率

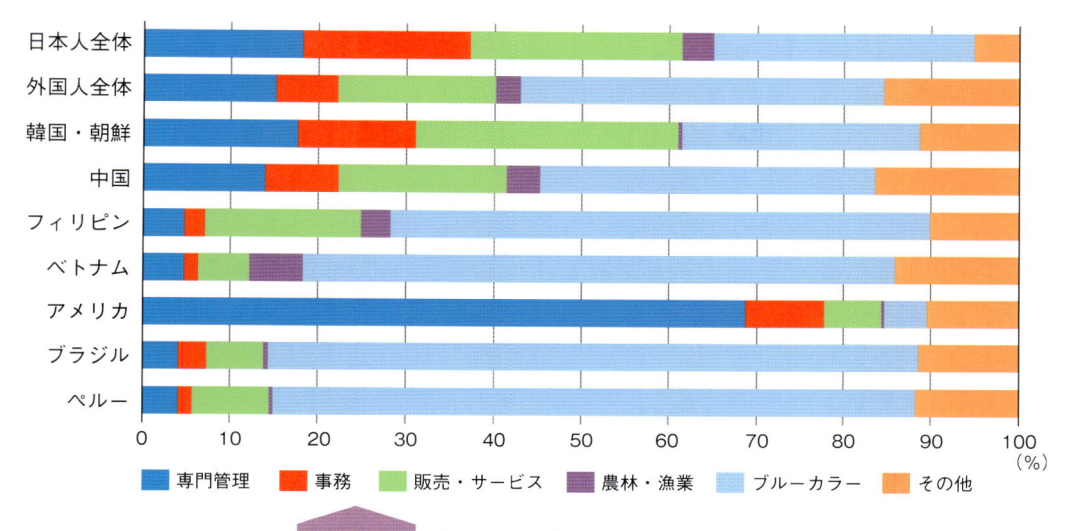

図15-1　主要国籍ごとの職業別就業者比率

資料：2015 年国勢調査

凡例：専門管理　事務　販売・サービス　農林・漁業　ブルーカラー　その他

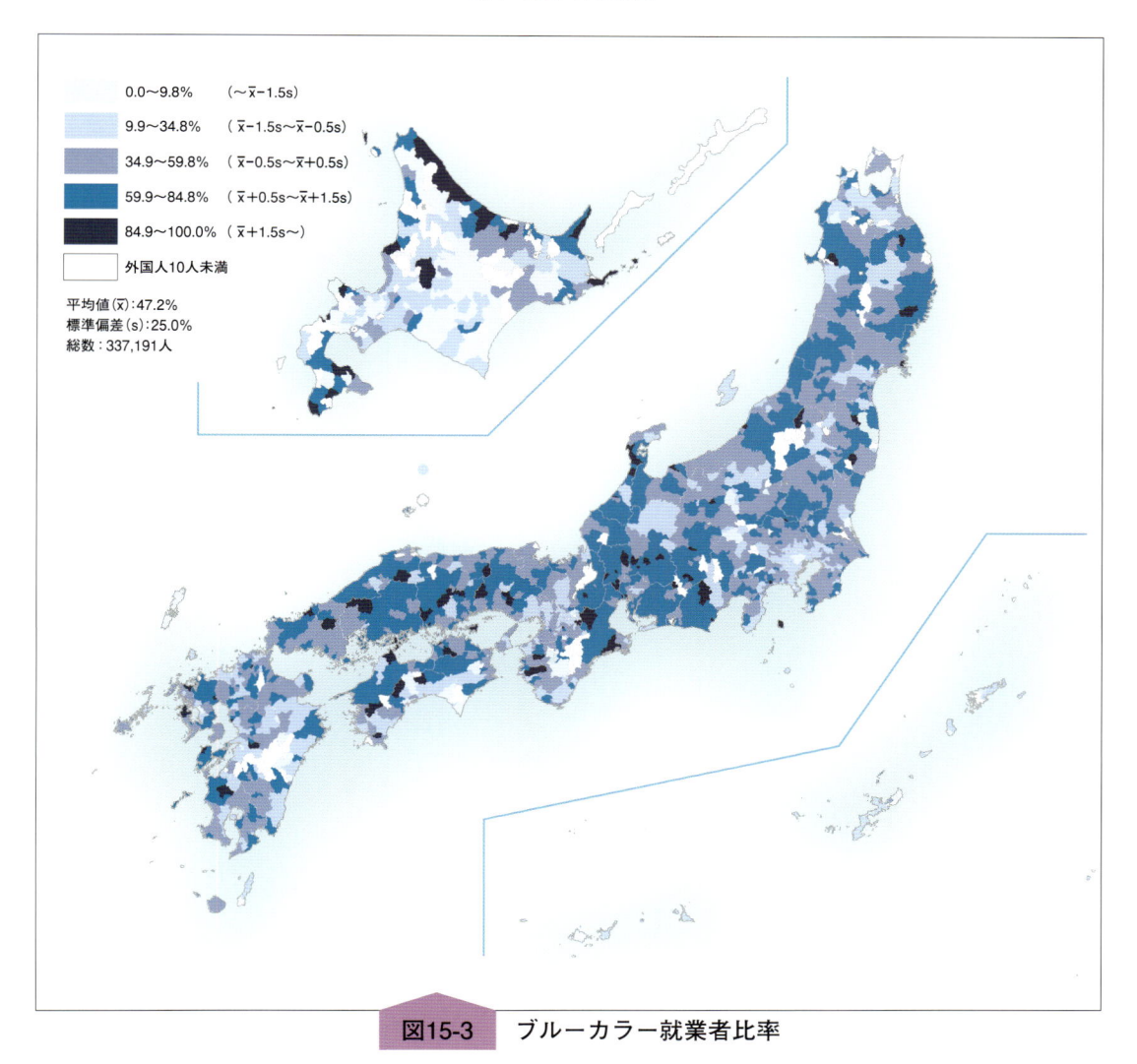

0.0〜9.8%　　（〜x̄-1.5s）
9.9〜34.8%　（x̄-1.5s〜x̄-0.5s）
34.9〜59.8%　（x̄-0.5s〜x̄+0.5s）
59.9〜84.8%　（x̄+0.5s〜x̄+1.5s）
84.9〜100.0%（x̄+1.5s〜）
外国人10人未満

平均値(x̄)：47.2%
標準偏差(s)：25.0%
総数：337,191人

図15-3　ブルーカラー就業者比率

　サービス職業従事者の割合は、大きく分けて二つの地域で大きい傾向がみられる（図16-1）。一つ目は、大都市であり、そこではサービス産業が集積しているため、多くの外国人がサービス職業に従事することとなる。もう一つは、山間部など日本人も含め人口規模の小さな地域である。こうした地域では、技能実習生や日系人をまとまって受け入れるだけの第一次、第二次産業の集積がないことも多く、結果として人口規模は小さいものの、そこで就労する外国人人口の多くがサービス職業に従事することとなる。

　農林漁業従事者の割合は、技能実習生を多く受け入れている地域で大きいという特徴がみられる（表16-1、図16-2）。代表的なのは北海道、茨城、長野、熊本であり、これらの道県では技能実習生を大々的に受け入れることで、農地の大規模化を推し進めてきたという経緯がある。一方、農林漁業の内、漁業に従事する外国人は1割程度であり、農林業の場合と比べて、宮崎県日南市、石川県能登町など一部の自治体で大きな割合を占める傾向がみられる。このような分布の違いの背景には、現時点では農林漁業に従事する在留資格が技能実習を除けばほとんどなく、その受け入れにあたっては監理団体を設置するなど受け入れ側の組織的な対応が必要である一方、サービス職業についてはそういった制約が少ないことがある。（是川　夕）

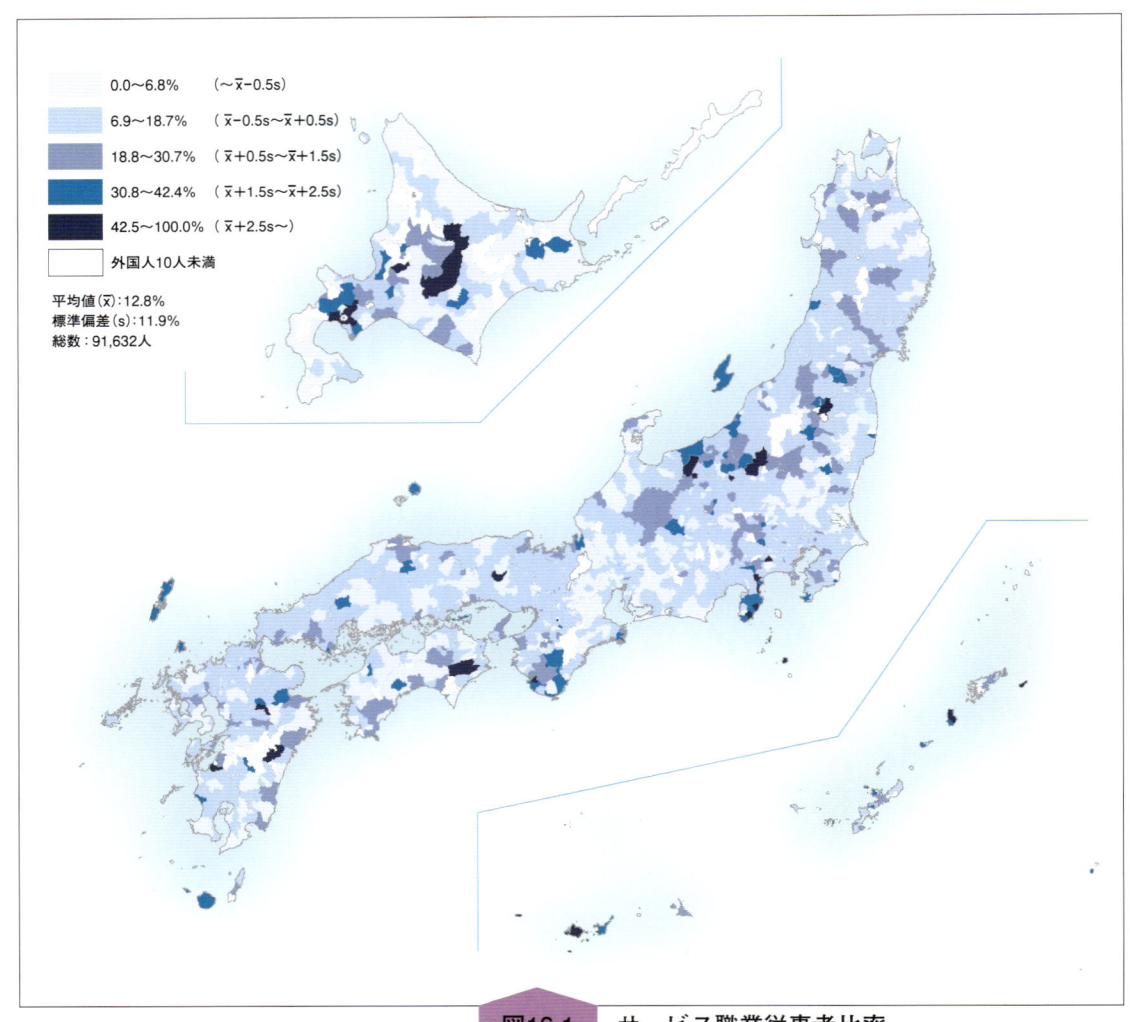

図16-1　サービス職業従事者比率

順位	自治体名	農林漁業従事者割合(%)	外国人就業者数(人)	主要分野	順位	自治体名	農林漁業従事者割合(%)	外国人就業者数(人)	主要分野
1	長野県 川上村	98.6	722	農林	11	石川県 能登町	68.5	162	漁業
2	北海道 仁木町	97.1	140	農林	12	熊本県 八代市	67.6	976	農林
3	群馬県 昭和村	95.9	317	農林	13	宮崎県 日南市	65.2	273	漁業
4	長野県 南牧村	95.3	422	農林	14	茨城県 茨城町	64.1	248	農林
5	茨城県 鉾田市	87.5	1,622	農林	15	熊本県 玉名市	63.2	302	農林
6	北海道 平取町	86.1	122	農林	16	北海道 別海町	61.1	198	農林
7	高知県 須崎市	82.9	240	農林	17	熊本県 阿蘇市	60.1	233	農林
8	群馬県 嬬恋村	81.0	279	農林	18	愛知県 田原市	59.6	732	農林
9	茨城県 八千代町	80.2	672	農林	19	大分県 豊後高田市	59.5	242	農林
10	福岡県 大刀洗町	70.6	143	農林	20	茨城県 行方市	57.2	668	農林

表16-1 　**外国人就業者に占める農林漁業従事者の大きい自治体**

資料：2015年国勢調査。
注：主要分野については地理的な位置関係や各種資料により判断

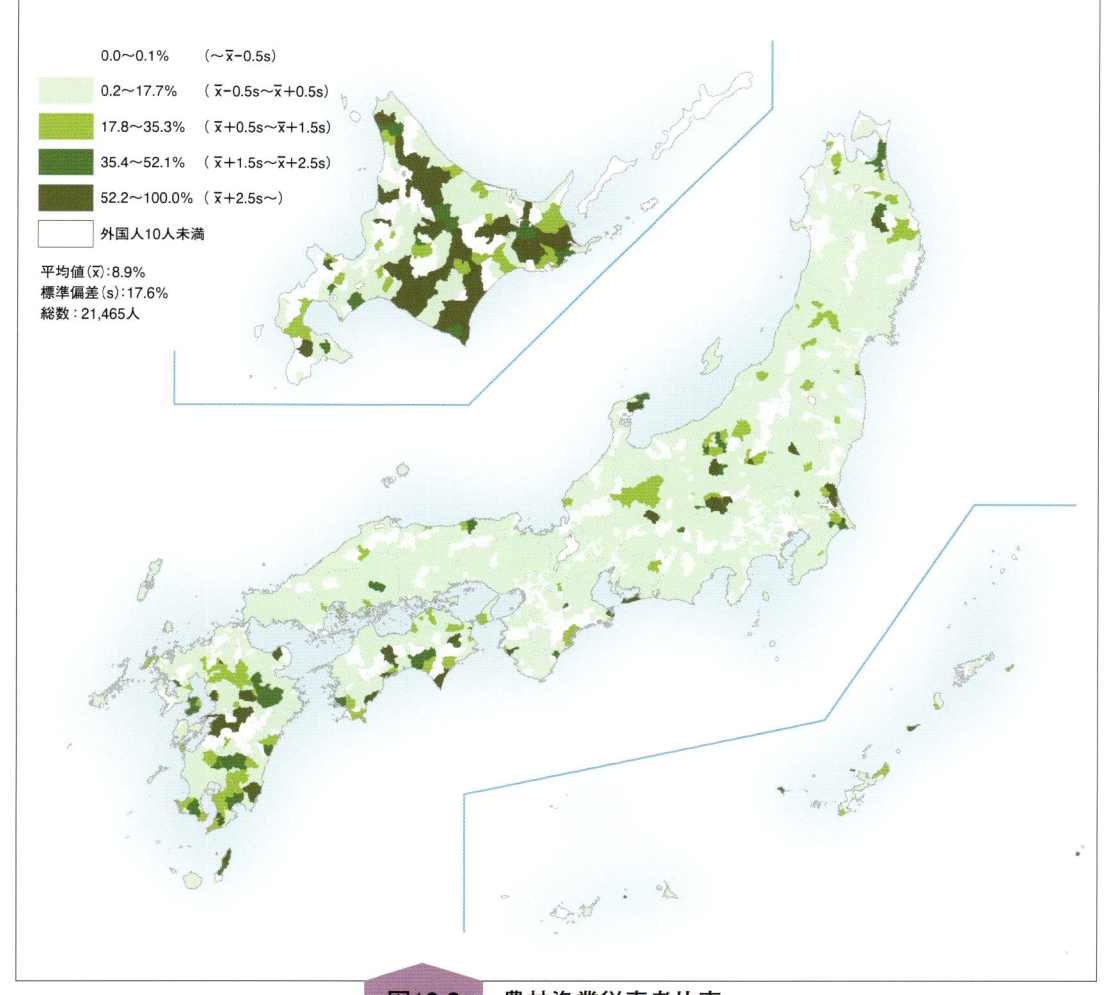

図16-2 　農林漁業従事者比率

Ⅳ 就 労

在留外国人の生活圏の広さに関する知見は、これまで必ずしも多くない。しかし、生活圏は基本的に居住地と就業地を中心にして、両者を結ぶ範囲に形成されると考えられるので、国勢調査における就業地や通勤のデータから、外国人の生活圏について推察することが可能になる。

2015年における自市区町村内就業者比率（自宅および自市区町村内で働いている割合）は、全国の市区町村平均値が、総人口（≒日本人）で59.0%、外国人で69.7%であり、外国人の方が他市区町村へ通勤する就業者の割合が低い（図17-1、17-2）。これは、外国人の通勤圏およびこれと密接に関係する日常生活圏が、日本人より狭いことを示唆している。この比率を、三大都市圏を含む国土の中央部の範囲についてみると、比率の水準は異なるものの、空間的パターン自体は、総人口と外国人で類似している。

外国人全体の自市区町村内就業者比率は55.9%である（表17-1）。性別ごとにみると、男51.8%、女60.1%であり、通勤距離は男の方が長いことを物語っている。また、主要職業別では、ホワイトカラー従事者の方がブルーカラー従事者より通勤距離がはるかに長く、後者は自宅あるいは自市区町村で就業するケースが多い。主要国籍別にみると、前者の代表例はイギリス、韓国・朝鮮、アメリカ合衆国、後者の代表例は、インドネシアやベトナムといった国籍の就業者である。　**（石川義孝）**

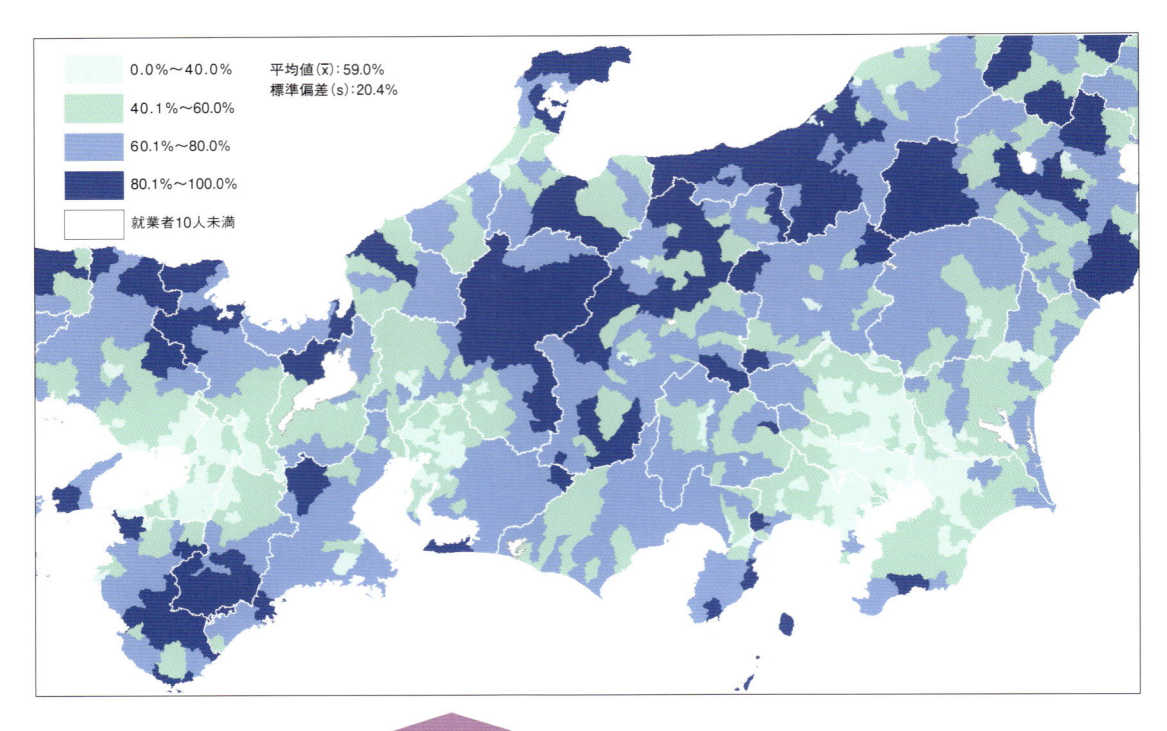

凡例
- 0.0%～40.0%
- 40.1%～60.0%
- 60.1%～80.0%
- 80.1%～100.0%
- 就業者10人未満

平均値(x̄):59.0%
標準偏差(s):20.4%

図17-1　自市区町村内就業者比率（総人口）

外国人全体	性		主要職業		主要国籍									
55.9	男	51.8	ホワイトカラー職業従事者	47.7	イギリス	47.4	韓国・朝鮮	50.7	アメリカ	51.4	ペルー	53.6	中国	56.5
	女	60.1	ブルーカラー職業従事者	72.5	ブラジル	58.3	フィリピン	63.9	タイ	65.3	ベトナム	74.9	インドネシア	77.2

表17-1 15歳以上の外国人就業者の自市区町村内就業者比率（%）

資料：2015 年国勢調査個票データ
注：ホワイトカラー職業従事者は、「職業」が〈専門的・技術的職業従事者〉、〈管理的職業従事者〉、〈事務従事者〉の合計、ブルーカラー職業従事者は、「職業」が〈生産工程・労務作業者〉をさす。

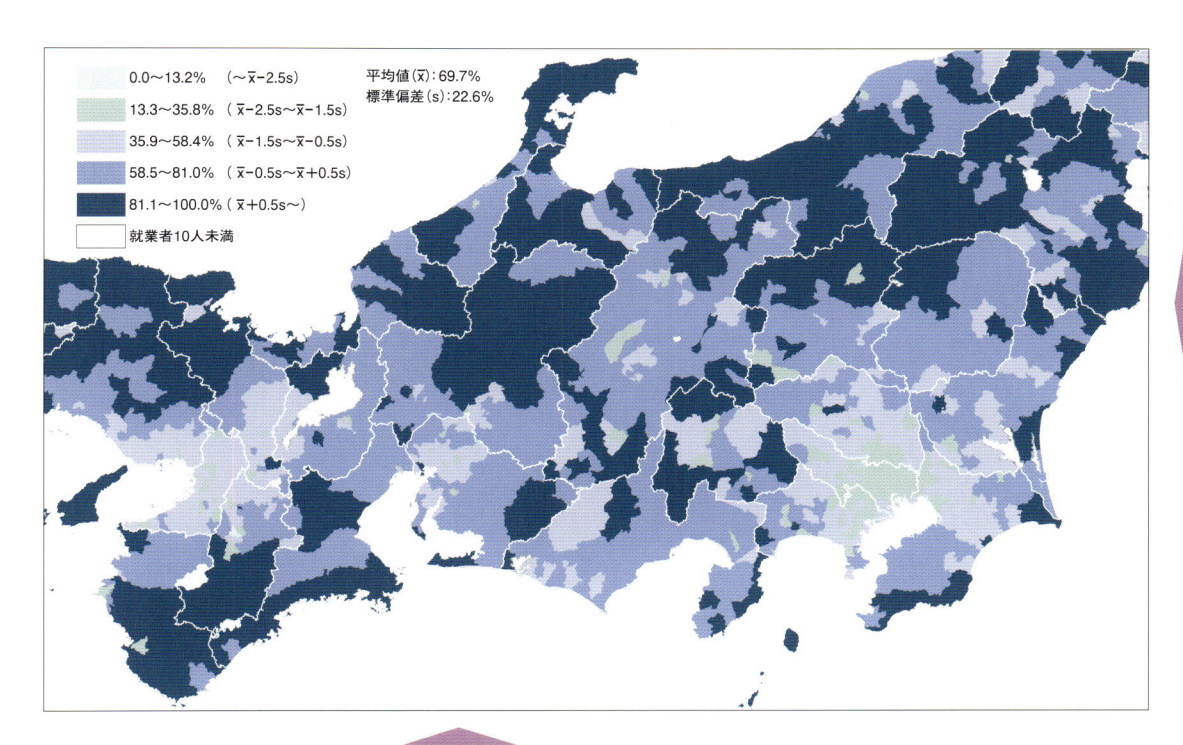

図17-2 自市区町村内就業者比率（外国人）

受け入れ先地域において外国人が自営業者となる背景には「自営業への指向性をもつエスニック集団の文化」、「語学力の欠如や差別などの社会的排除」、「人的資本や投資資金など母国における階級の反映」ほか、さまざまな要因があるとされる。

国内の総人口（≒日本人）における自営業者比率の地域的差異（図 18-1）に比べ、外国人の比率（図 18-3）のそれは大きく異なる。たとえば、大阪府や京都府、兵庫県南部などの地域では、韓国・朝鮮のオールドカマーが多く居住しており、自営業者比率も高くなっている。

自営業者比率は、エスニック集団ごとに大きな差異がみられ、またその比率は経年的にも変化す

る。図 18-2 をみると、韓国・朝鮮の割合が最も高く、次いでイギリス、アメリカ合衆国、タイの順となっている。一方、経年変化をみると、韓国・朝鮮、フィリピン、ベトナムは減少傾向に、イギリス、インドネシア、ブラジル、ペルーは増加傾向にある。これは、それぞれの集団がもつ学歴やビジネス経験といった「人的資本」や、ホスト社会における社会的ネットワークなどの「社会関係資本」、そしてエスニック集団を取り巻くさまざまな「機会構造」が異なるからである。なお、外国人全体の自営業者比率をみると、日本人の自営業者比率に比較して低くなっている。　　　　　（片岡博美）

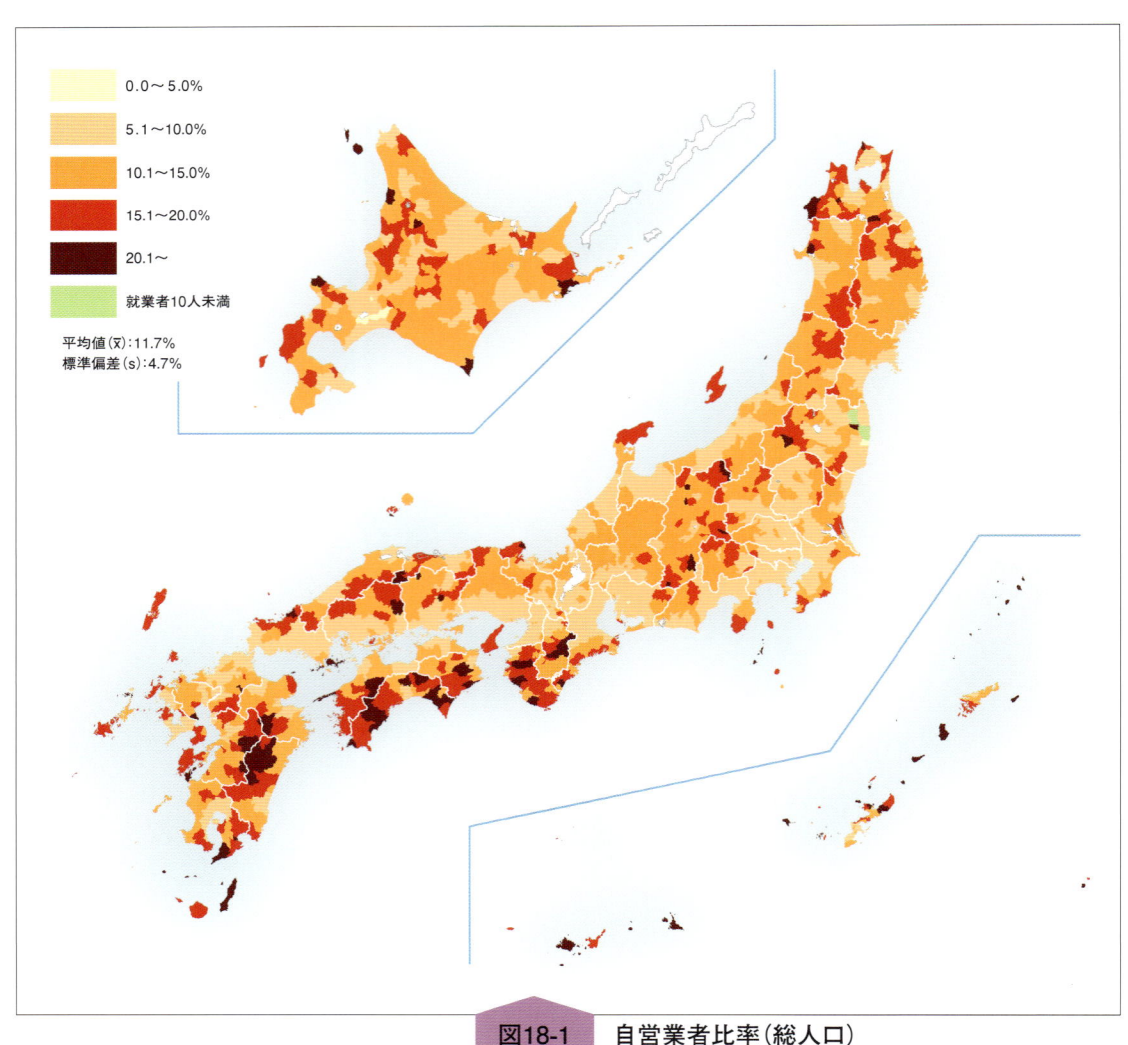

	0.0〜5.0%
	5.1〜10.0%
	10.1〜15.0%
	15.1〜20.0%
	20.1〜
	就業者10人未満

平均値(x̄)：11.7%
標準偏差(s)：4.7%

図18-1　自営業者比率（総人口）

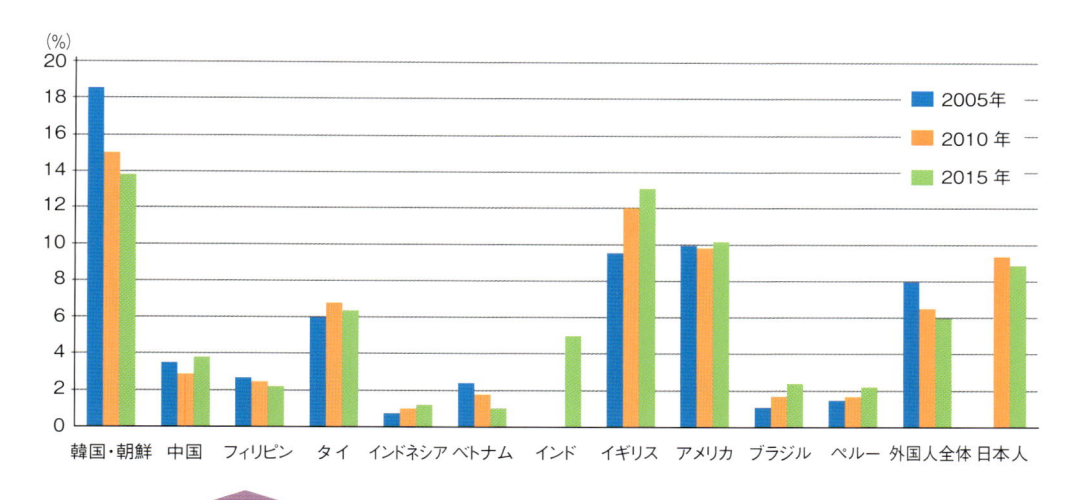

図18-2　国籍別にみた自営業者比率の推移

日本人は 2010 年および 2015 年、インドは 2015 年のみ
出典：片岡（2018）

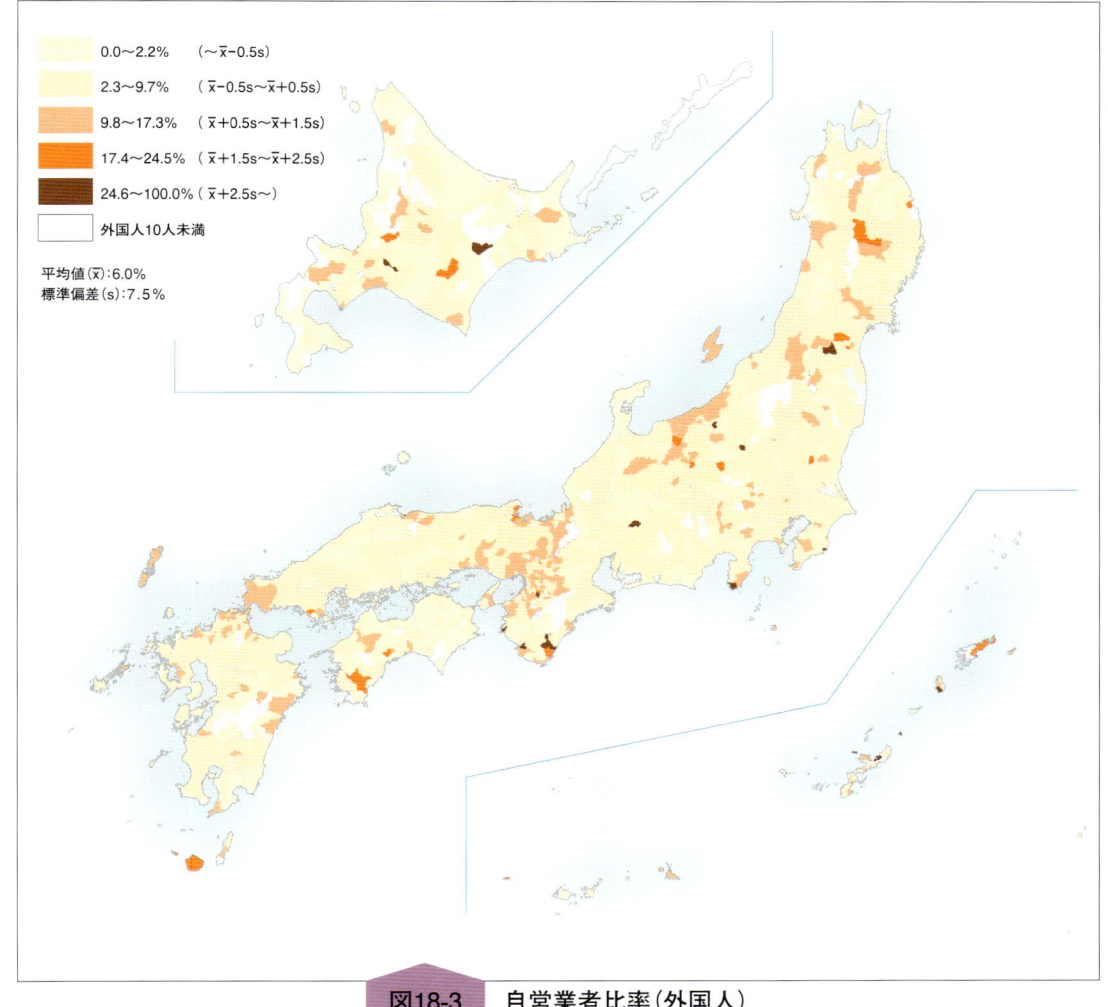

図18-3　自営業者比率（外国人）

外国人の多く居住する地域では、生活者としての彼らのニーズを満たすため、多様なエスニック・ビジネスが展開される。エスニック・ビジネスは、新華僑が急増した池袋や、家族滞在形態のブラジル人が増加した静岡県浜松市（図19-1）のように、当該エスニック集団成員の滞在形態に合わせて成立・発展する。そのため、業種や形態、立地はエスニック集団ごとに傾向が異なる。図19-2をみると、韓国・朝鮮や中国、フィリピンは宿泊業・飲食サービス業の割合が、一方ブラジルは卸売業・小売業の割合が、イギリスは教育・学習支援業の割合が比較的高くなっている。

なお、エスニック・ビジネスの立地場所は、エスニック集団の集住地区付近であることが多いが、図19-3のように、一つの地域内で複数のエスニック集団がビジネスを展開する地域もある。また、新大久保の韓国系ビジネスや横浜の中華街（写真19-1）のように、ビジネスの集積地域が、当該エスニック集団のみならずホスト社会住民をも引きつけ、観光地などとして発展するケースもある。

（片岡博美）

写真19-1　横浜中華街の善隣門

日本では神戸南京町や長崎新地中華街とともに三大中華街と呼ばれるが、この横浜中華街が最も大きい。2009年3月22日石川義孝撮影。

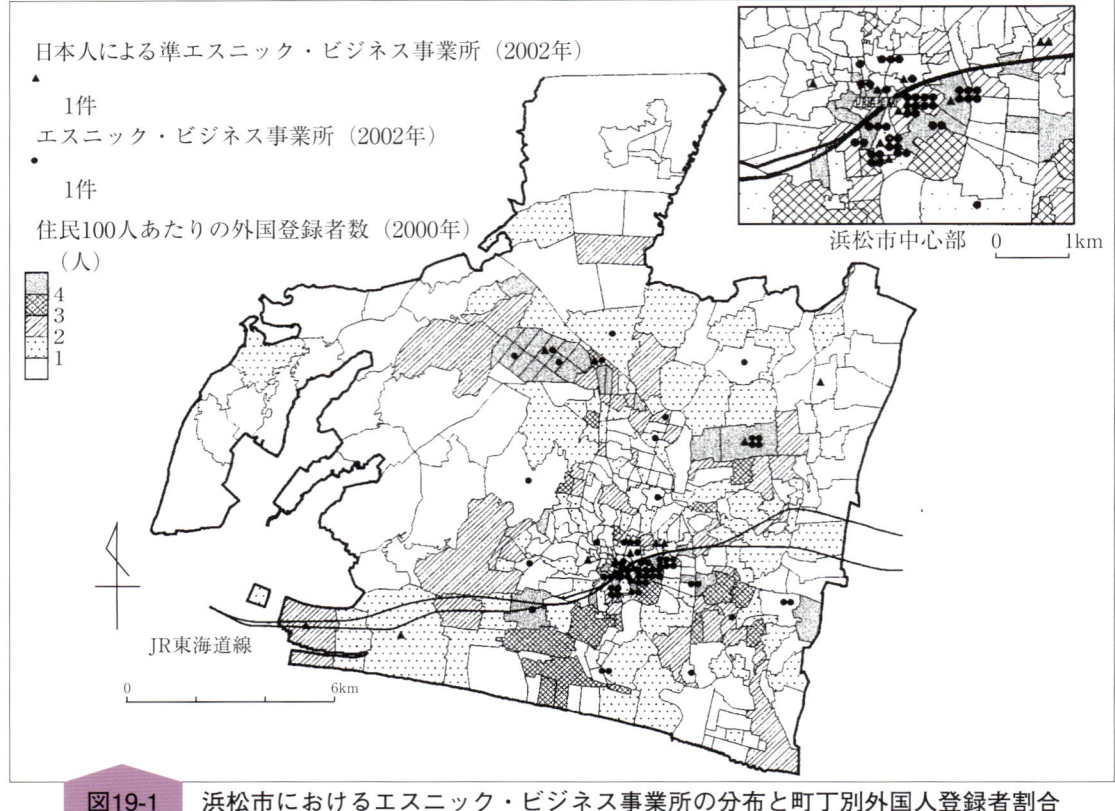

図19-1　浜松市におけるエスニック・ビジネス事業所の分布と町丁別外国人登録者割合

出典：片岡（2005）

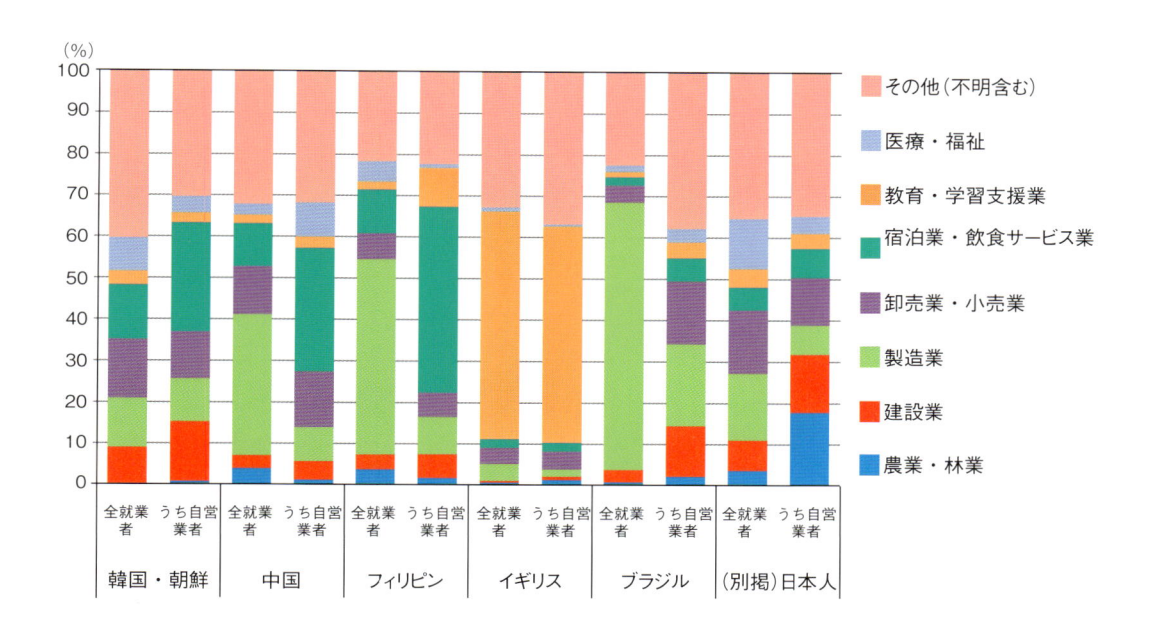

図19-2　国籍別にみた自営業者の業種別割合
出典：片岡（2018）

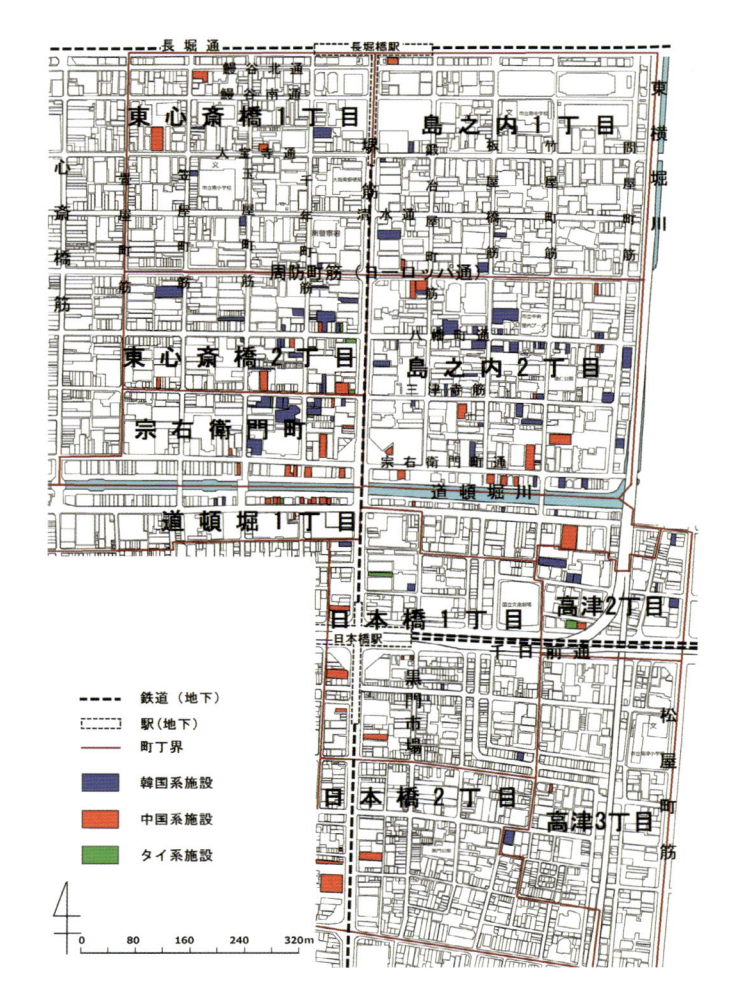

図19-3　大阪市中央区南部におけるエスニック系施設の分布
出典：粉川（2017）

鉄道（地下）
駅（地下）
町丁界
韓国系施設
中国系施設
タイ系施設

0　80　160　240　320m

IV
就
労

2015 年における外国人を含む一般世帯数は
117 万 2 千世帯で、日本の一般世帯数の 2.2％ を
占める（表 20-1）。平均世帯人員は、日本全体の 2.33
人に対して、外国人を含む世帯では 2.20 人、この
うち、世帯員が外国人のみ世帯では 1.65 人、外
国人と日本人の両方を含む世帯では 3.16 人である
（表 20-1）。市区町村別にみると、外国人を含む一
般世帯の平均世帯人員は東日本の人口規模の小さ
い市町村で多くなる傾向がみられる（図 20-2）。

外国人を含む一般世帯の平均世帯人員は外国人
の家族形成とかかわっており、外国人を含む一般
世帯に占める単独世帯の割合（図 20-3）や、15
歳以上の外国人人口に占める有配偶者の割合（図
20-4）をみても、西日本に比べて東日本で家族形
成が進んでいる。ただし、日本人と比較すると家
族形成は進んでおらず、単独世帯の割合は外国人

を含む世帯の方が高く（表 20-1）、未婚者の割合
も外国人の方が高い（図 20-1）。 （山内昌和）

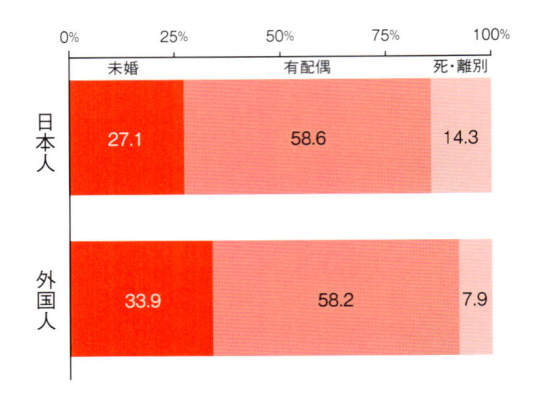

図20-1 　日本人と外国人の配偶関係別人口割合

資料：2015 年国勢調査

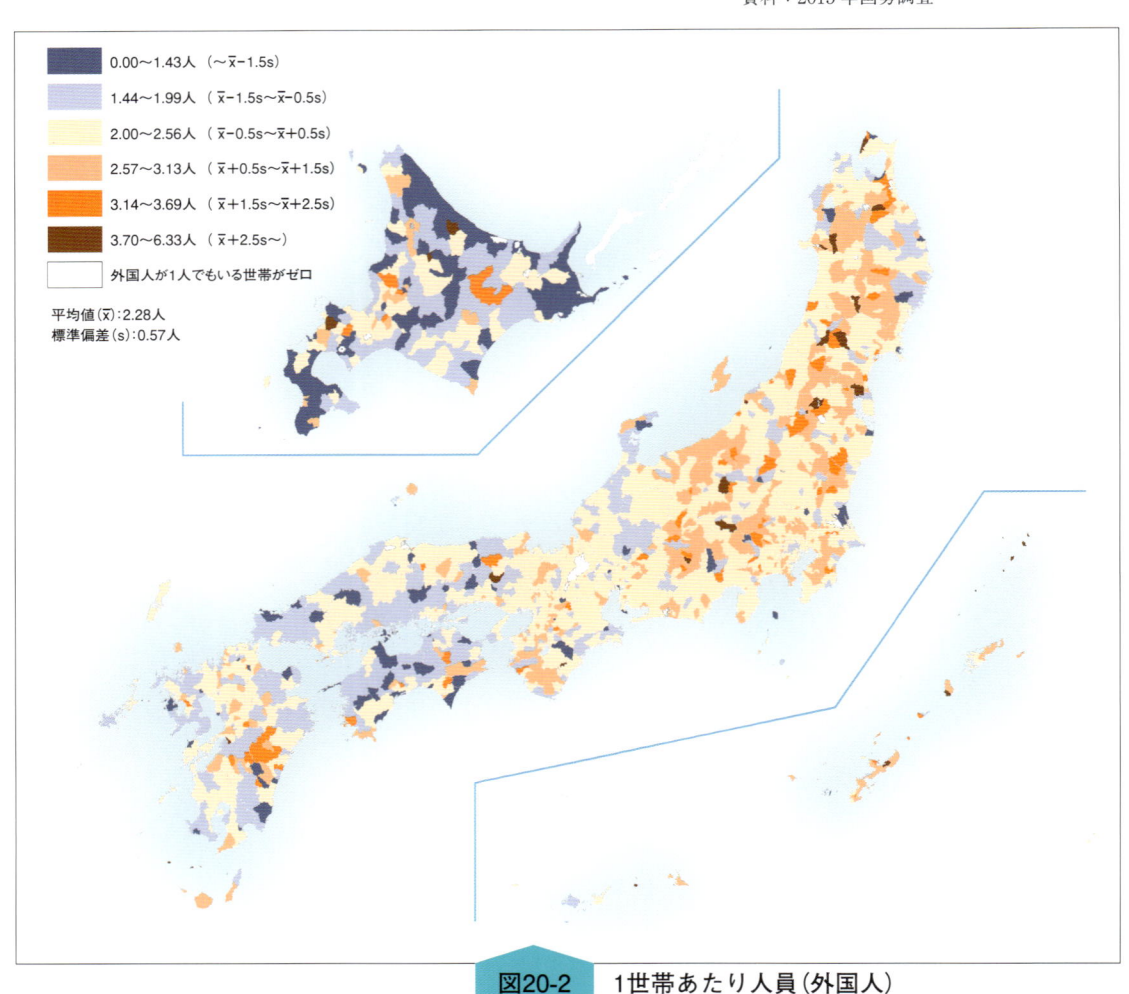

図20-2 　1世帯あたり人員（外国人）

		総計	日本人のみの世帯	外国人を含む世帯	内訳	
					外国人のみ	外国人と日本人
一般世帯総数（千世帯）		53,332	52,160	1,172	748	420
構成（%）		100.0	97.8	2.2	1.4	0.8
平均世帯人員（人）		2.33	2.33	2.20	1.65	3.16
家族類型（%）	単独世帯	34.5	34.3	42.7	66.8	0.0
	核家族世帯	55.8	56.0	47.2	27.9	81.6
	その他の世帯	9.7	9.7	10.1	5.3	18.4

表20-1 日本人と外国人の世帯構成 資料：2015年国勢調査

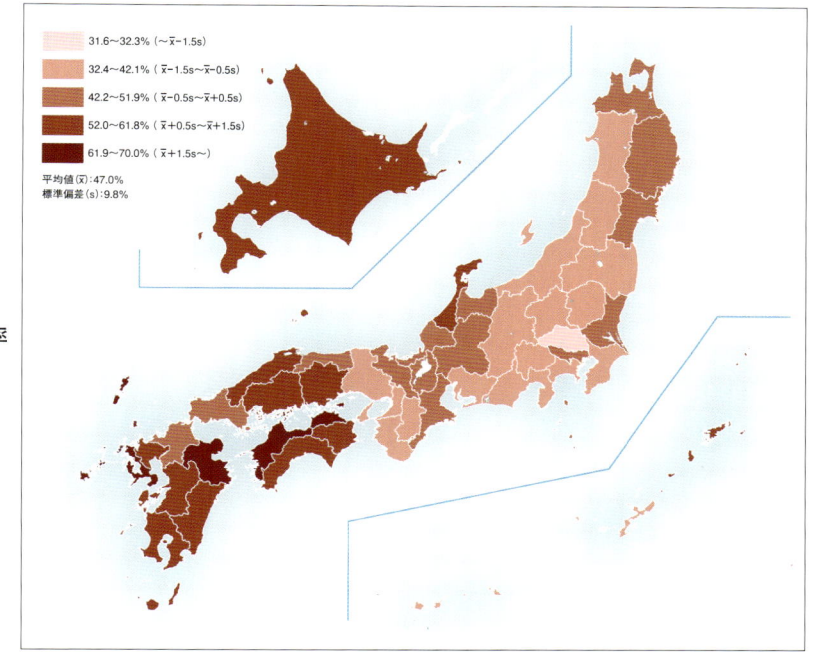

図20-3 単独世帯比率

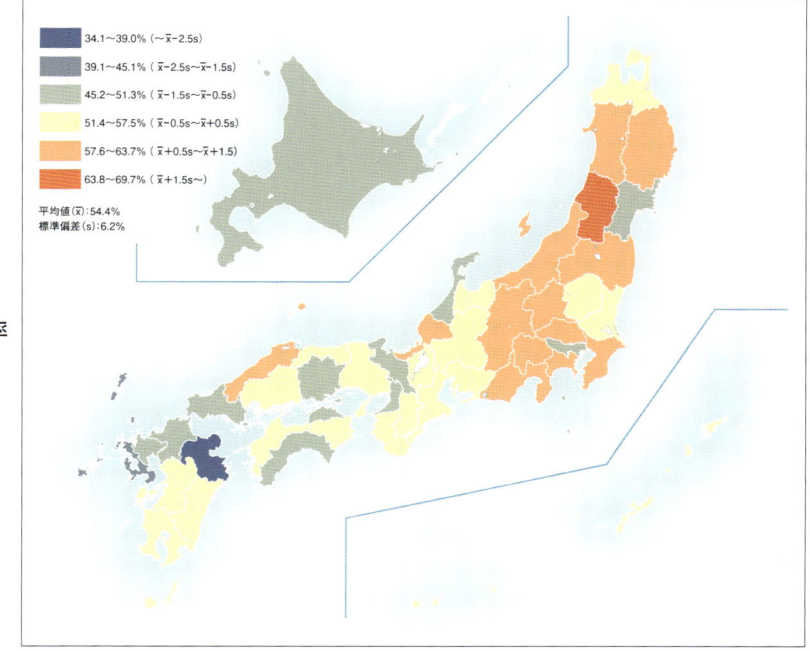

図20-4 有配偶者比率

国際結婚件数は 2006 年に過去最多の 44,701 件を記録したが、その後、減少に転じた。近年は下げ止まり傾向がみられるものの、2016 年はピーク時の半分以下になっている。特に、アジア人女性との結婚が約 9 割を占める日本人男性の国際結婚の減少が顕著である（図 21-1、21-3）。その背景として、第一に、2006 年に法務省が興行ビザの発給の審査を厳格化したため、フィリピン人女性の来日が激減し、フィリピン人女性と日本人男性の国際結婚が減少したこと、第二に、アジア諸国の経済発展により、アジア人女性は日本人男性と結婚しなくても、自国内で上方婚が可能な結婚相手を見つけることができるようになったこと、そして第三に、偽装結婚のブローカーや斡旋業者などの摘発が強化されたこと、などをあげることができる。

国際結婚と国際離婚は、外国人人口が集中する三大都市圏に多く（図 21-2、21-5）、結婚総数に占める国際結婚の比率も、関東、中部、近畿で高い傾向がみられる（図 21-4）。 （竹下修子）

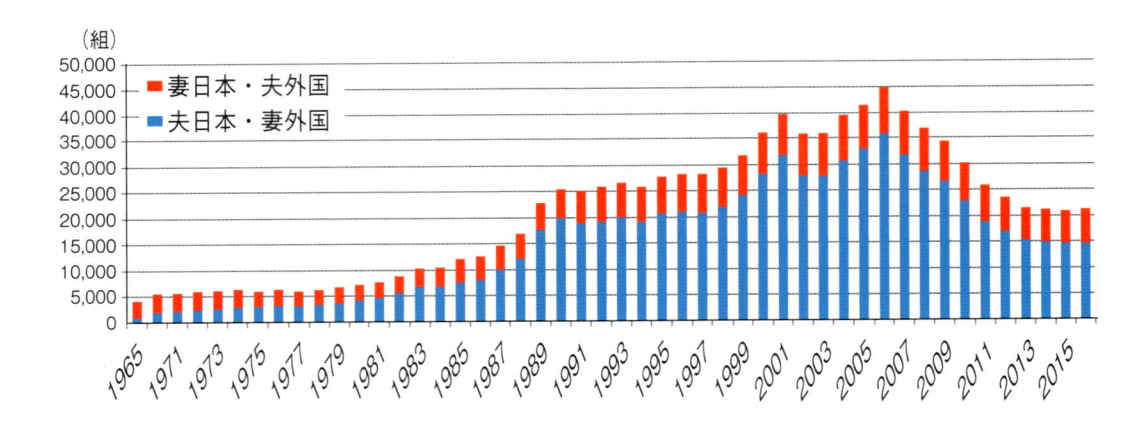

図21-1 国際結婚件数の推移
資料：人口動態統計

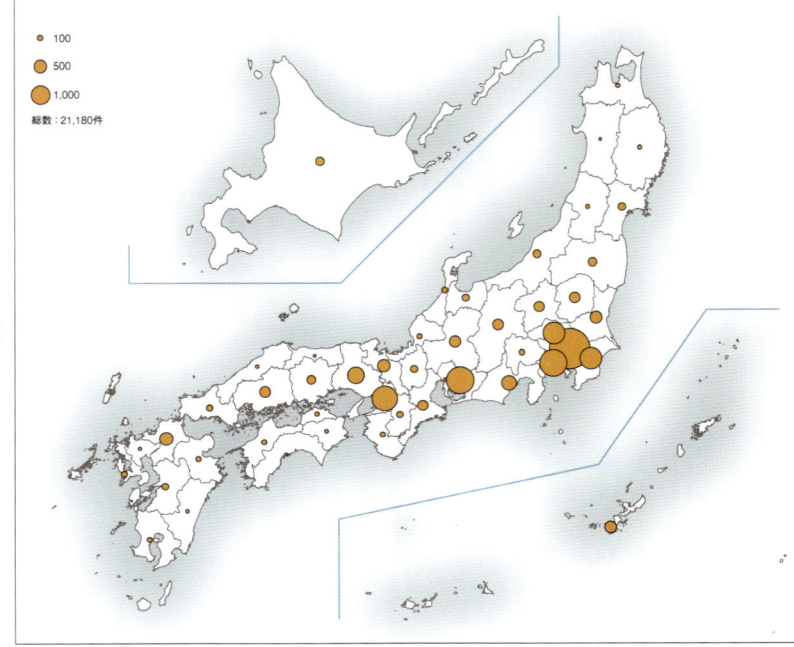

図21-2 国際結婚件数

図21-3

国際結婚カップルの
外国人の国籍

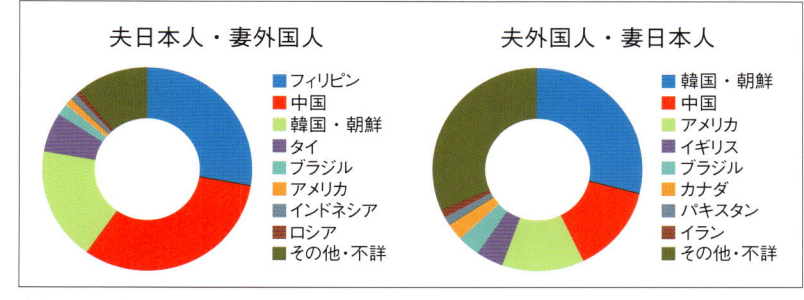

資料：2015 年国勢調査個票データ。個票データの続柄などから、夫婦の組み合わせを特定（推定）し集計。

図21-4　国際結婚比率

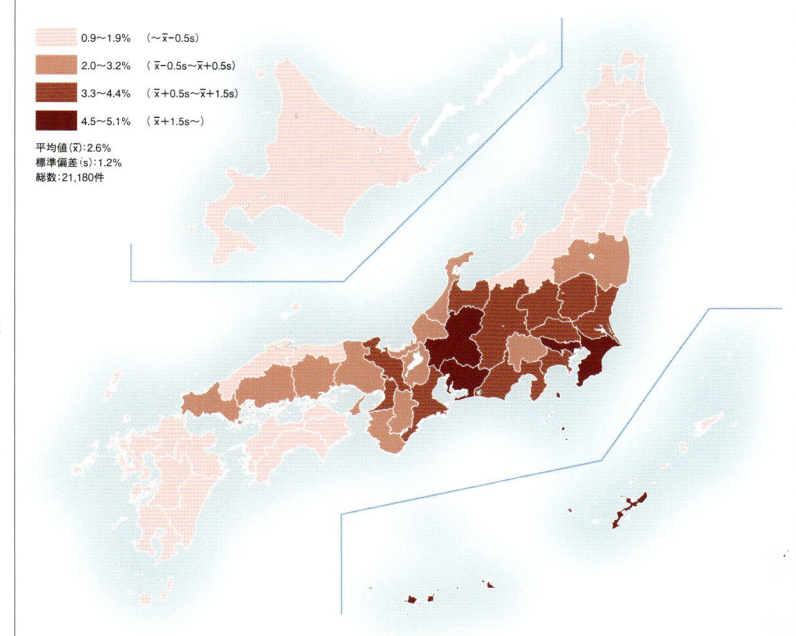

図21-5　国際離婚件数

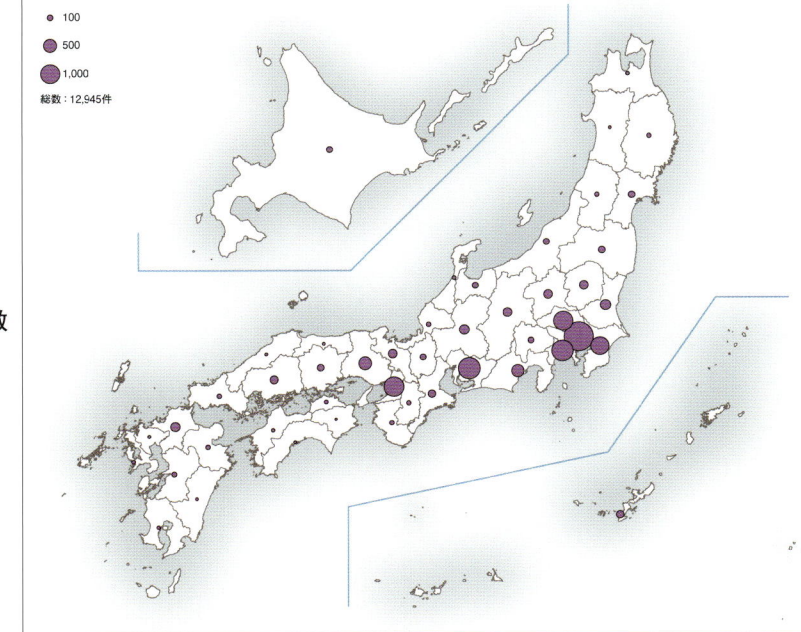

22 出生

外国人女性の総出生率（15～49歳女性1,000人当りの出生数に相当する出生率の指標）は、2000年頃を境に、日本人女性を下回るようになった（図22-1）。国籍別にみれば、フィリピン人女性のように、かつては高い値を示すこともあったが、2000年以降は日本人女性と同水準かそれを下回る水準である。

都道府県別に総出生率をみると、外国人女性の場合、2015年には関東から東海、近畿、山陽から九州北部にかけての地域で高く、北海道や北東北、沖縄を除く九州南部で低いというパターンが

みられる（図22-3）。このような地理的パターンは、九州南部や山陰で高く、北海道や北東北、関東、近畿で低いという日本人女性の総出生率とは異なっている（図22-2）。また、外国人女性の総出生率を日本人女性と比べると、都道府県別にみても前者が後者よりも低いか、せいぜい同水準である。

参考までに、女性1人あたりの平均子ども数に相当する合計出生率（同居児法による推定値）をみると、外国人女性の場合は最も多い都道府県でも1.36にとどまる（図22-4、22-5）。（山内昌和）

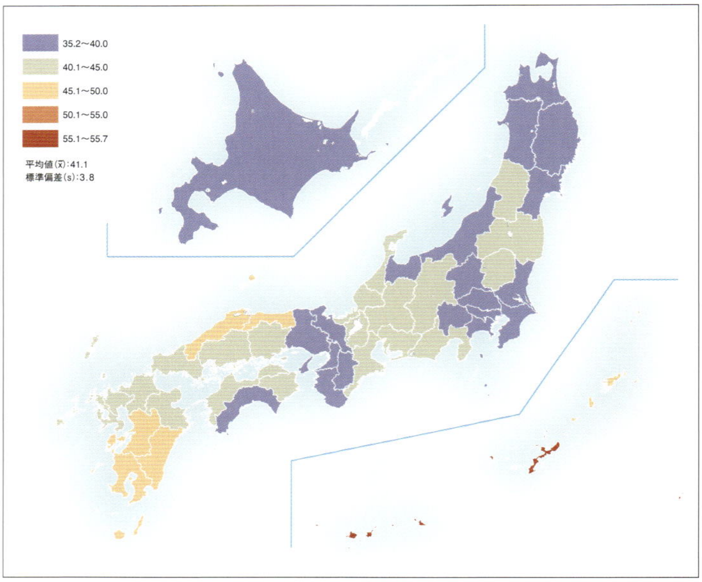

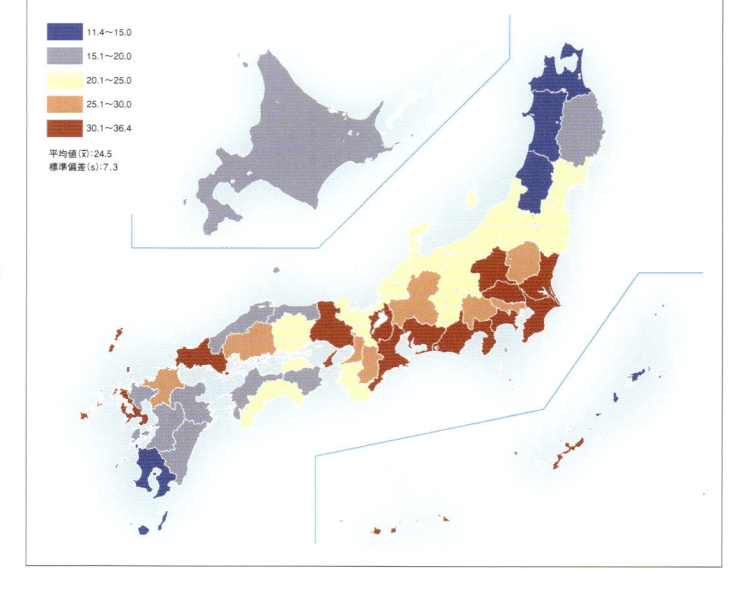

図22-2 日本人女性の総出生率

35.2～40.0
40.1～45.0
45.1～50.0
50.1～55.0
55.1～55.7
平均値(x̄):41.1
標準偏差(s):3.8

図22-3 外国人女性の総出生率

11.4～15.0
15.1～20.0
20.1～25.0
25.1～30.0
30.1～36.4
平均値(x̄):24.5
標準偏差(s):7.3

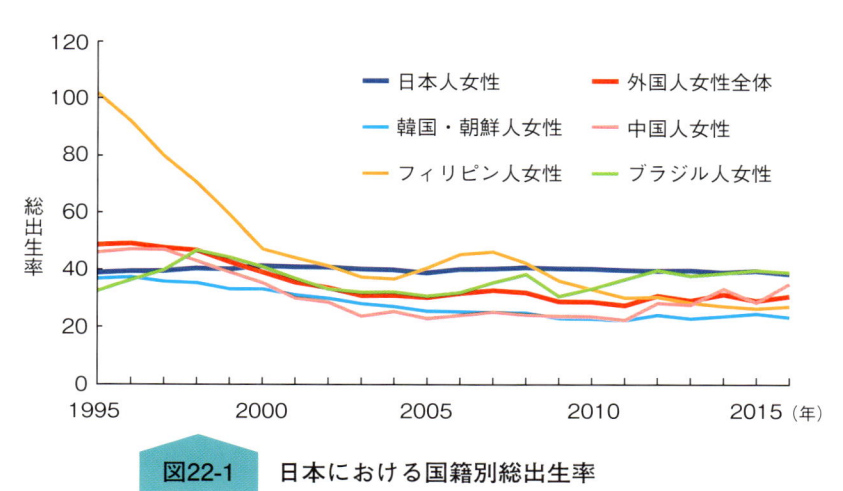

図22-1 **日本における国籍別総出生率**

資料：人口動態統計、在留外国人統計、国勢調査、人口推計

図22-4 **日本人女性の同居児法による出生率（TFR）**

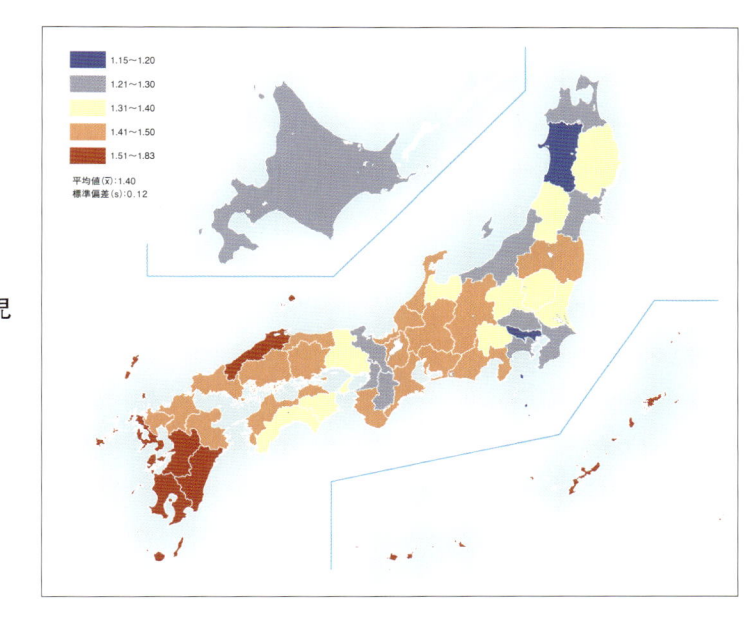

図22-5 **外国人女性の同居児法による出生率（TFR）**

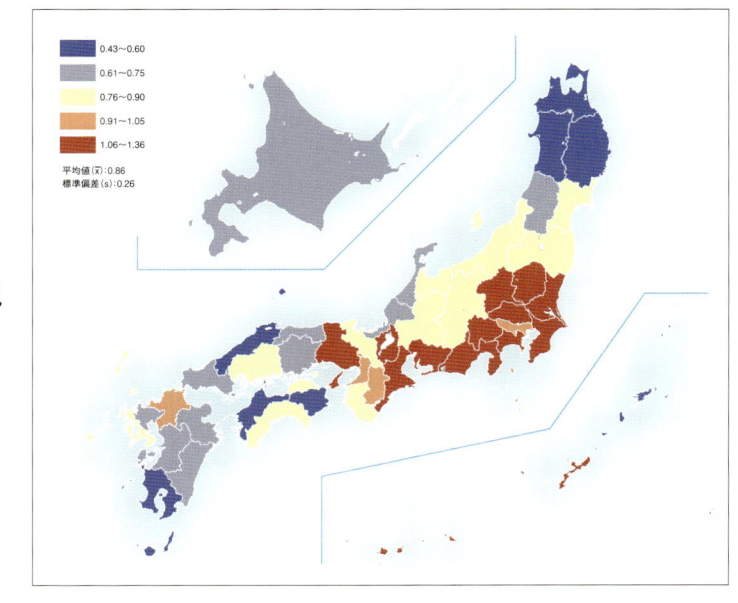

23 教育

2016年の学校基本調査によると義務教育課程に在学する外国人児童生徒は7.2万人であり、外国人学校の在学者を含めると、さらに多くの子どもが就学している。その数は関東から近畿地方にかけての都府県と広島県、福岡県など、多くの外国人人口を擁する地域に多い（図23-3、23-4）。

その一方、不就学者を含めて、さまざまな教育上の課題が生じている。就学者においても、ニューカマーの増加に伴い日本の学校で日本語指導の必要な児童生徒が近年は再び増加傾向にある（図23-1）。その数は関東から近畿地方にかけて特に多く、北関東と東海、甲信地方ではポルトガル語とスペイン語、フィリピノ語、南関東と近畿地方では中国語とその他の言語を母語とする児童生徒が多い（図23-2）。教科学習についていけず低学力に陥る子どもを増やさないための取り組みが必要である。

（宮澤　仁）

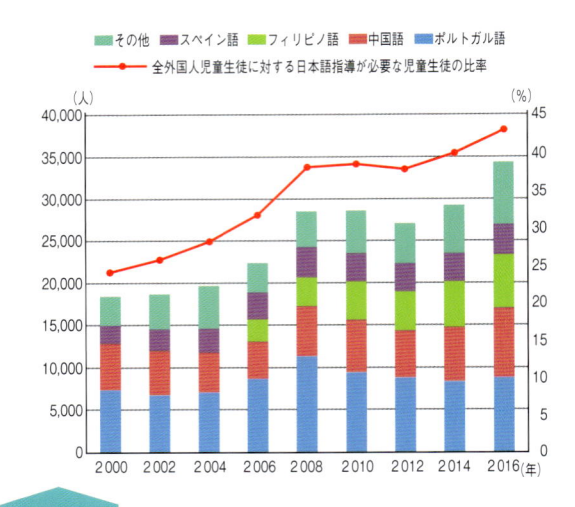

図23-1 日本語指導が必要な外国人児童生徒数の推移

資料：日本語指導が必要な外国人児童生徒の受け入れ状況等に関する調査

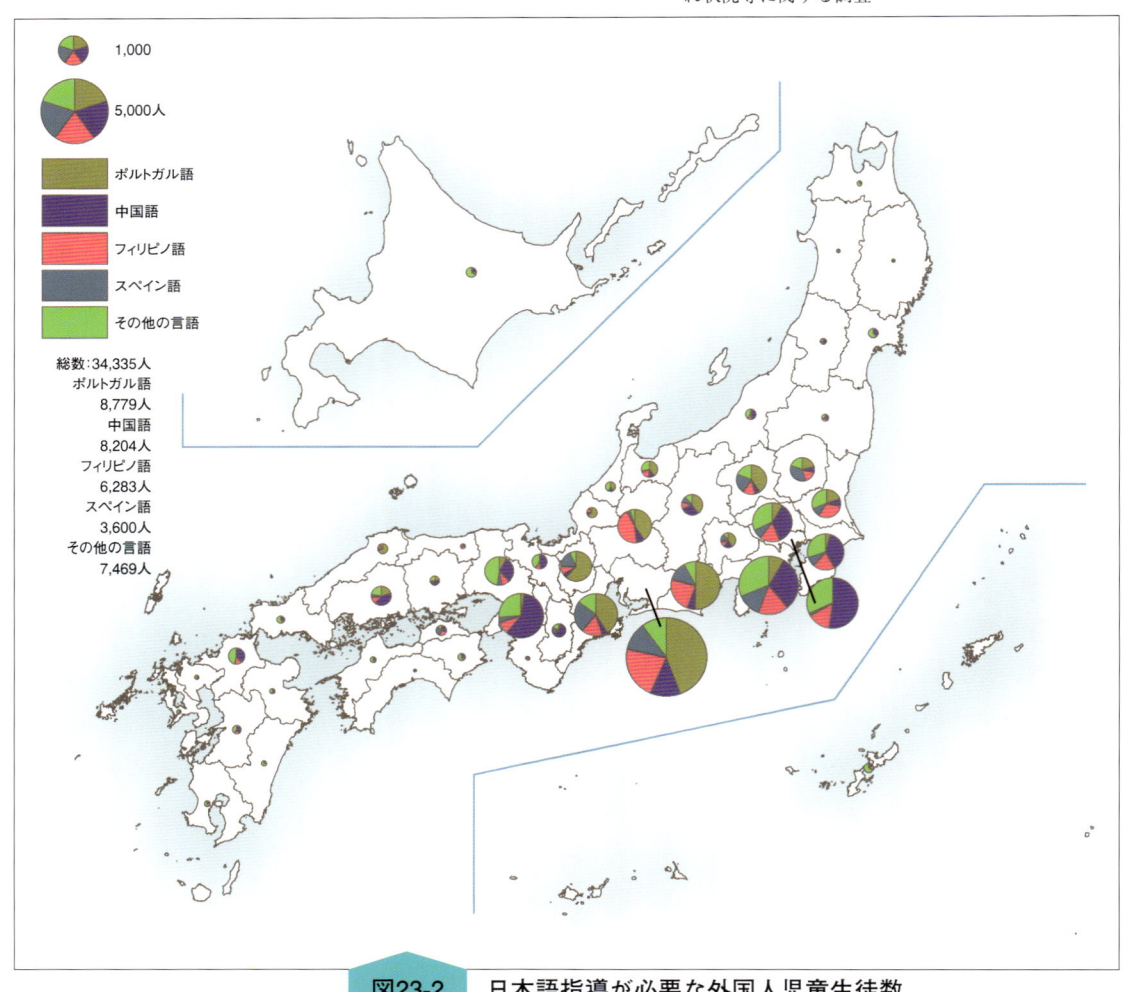

図23-2 日本語指導が必要な外国人児童生徒数

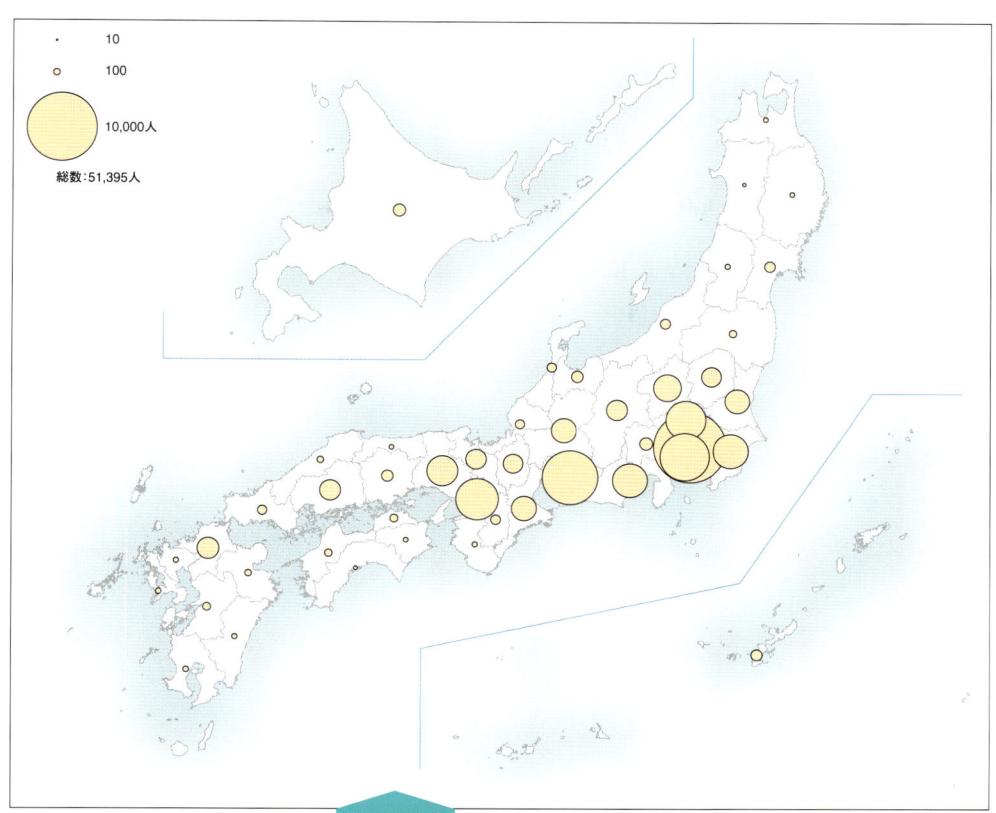

図23-3　7〜12歳の外国人就学者数

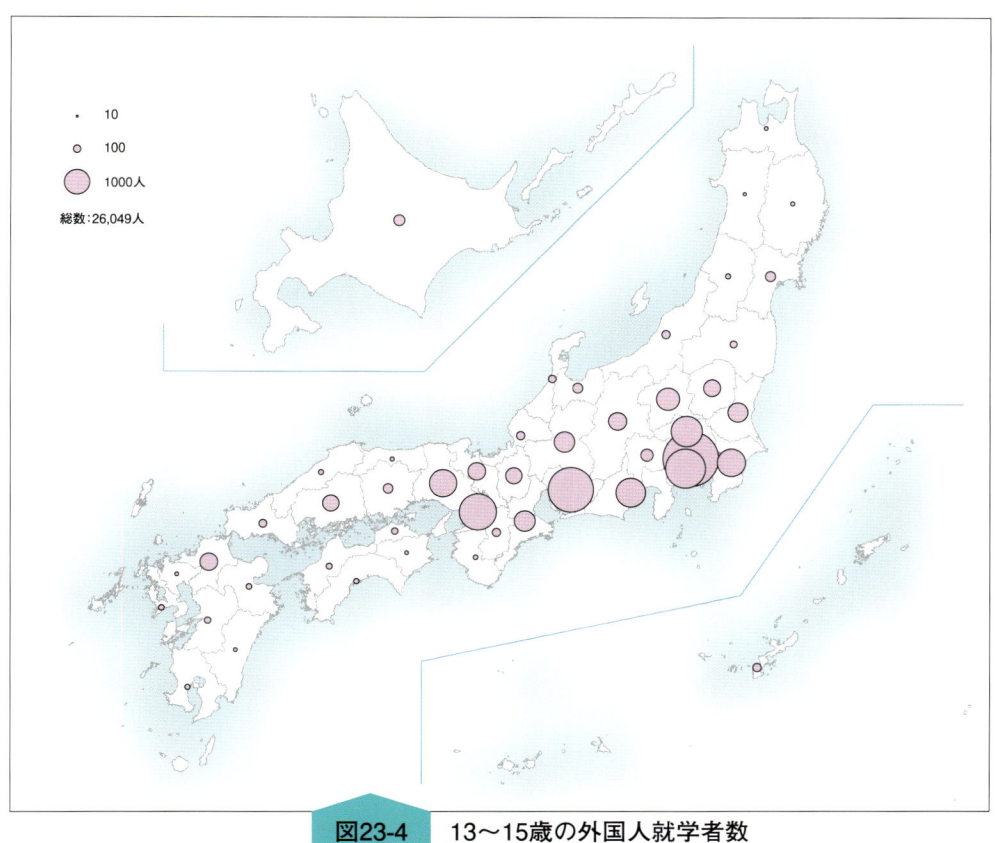

図23-4　13〜15歳の外国人就学者数

24 住宅

外国人の住宅は、民営借家（民間アパートなど）が高い比率を占めるが、1992年の建設省（当時）通達（「永住許可者、特別永住者とともに、その他外国人登録者についても公営住宅の入居申込資格を認めるものとすること」）以降、公的住宅（図24-1の「公営の借家」と「都市再生機構・公社の借家」をさす）が大きな割合を占めている。居住者の住宅の種類は居住者の国籍ごとに特徴がある。また、それは国籍ごとの居住期間の長さや職業の違いも反映している。

韓国・朝鮮人は持ち家率が高く、日本人の特徴と類似している。ブラジル人では公的住宅と民営借家が多く際立った特徴をもつ。中国人では公的住宅とその他が多く、民営借家は相対的に少ない。一方、アメリカ人では給与住宅の割合が高く公的住宅は非常に少ない。

都道府県単位（図24-2）にみると、京都、大阪、兵庫でオールドカマー外国人の居住特性を反映して持ち家居住者が30%を超える一方、愛知県では外国人の約1/4の人が公的住宅に居住している。市町村単位（図24-3）では、北海道、長野県、愛知県に外国人のうち50%前後の人が公的住宅に居住する市町村もある。 （西原　純）

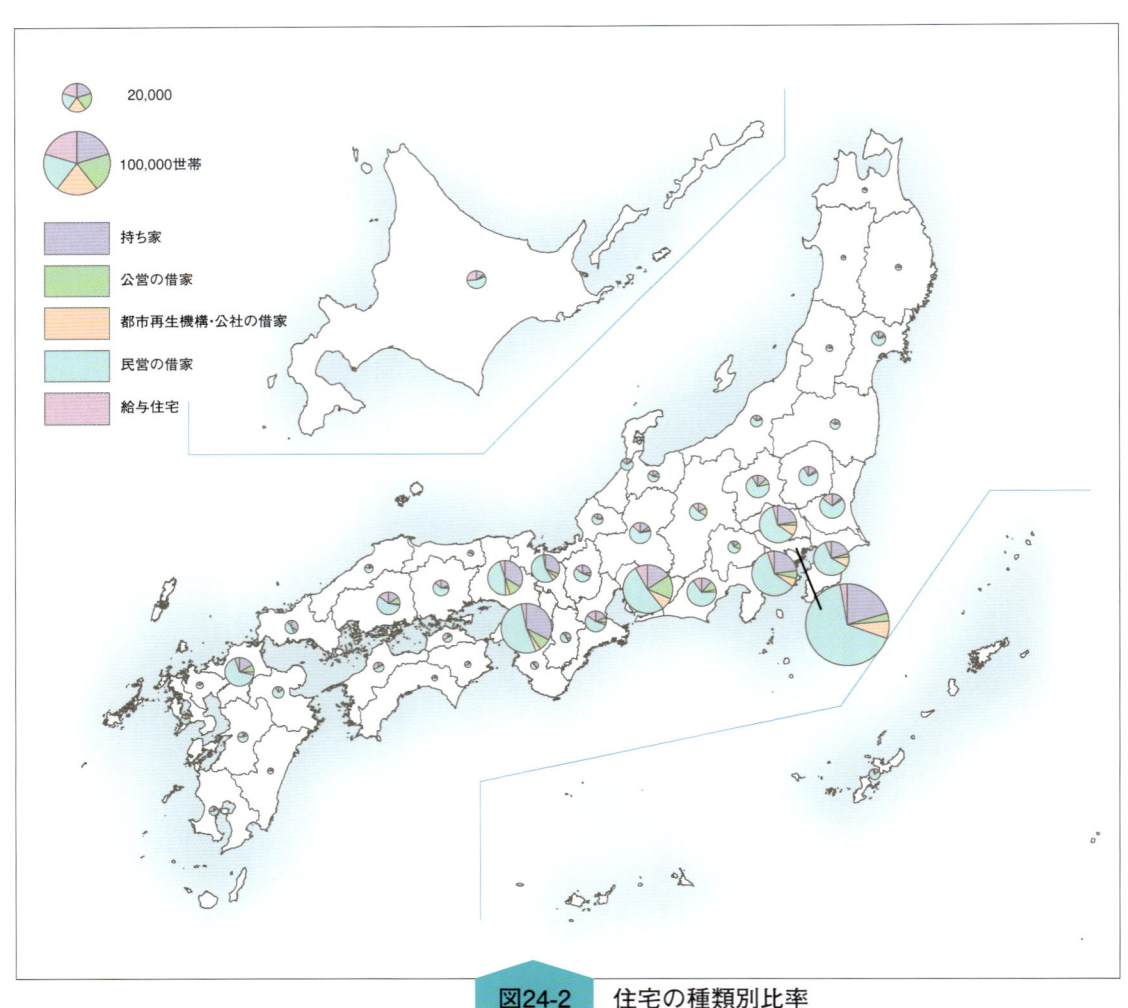

図24-2　住宅の種類別比率

凡例:
- 20,000
- 100,000世帯
- 持ち家
- 公営の借家
- 都市再生機構・公社の借家
- 民営の借家
- 給与住宅

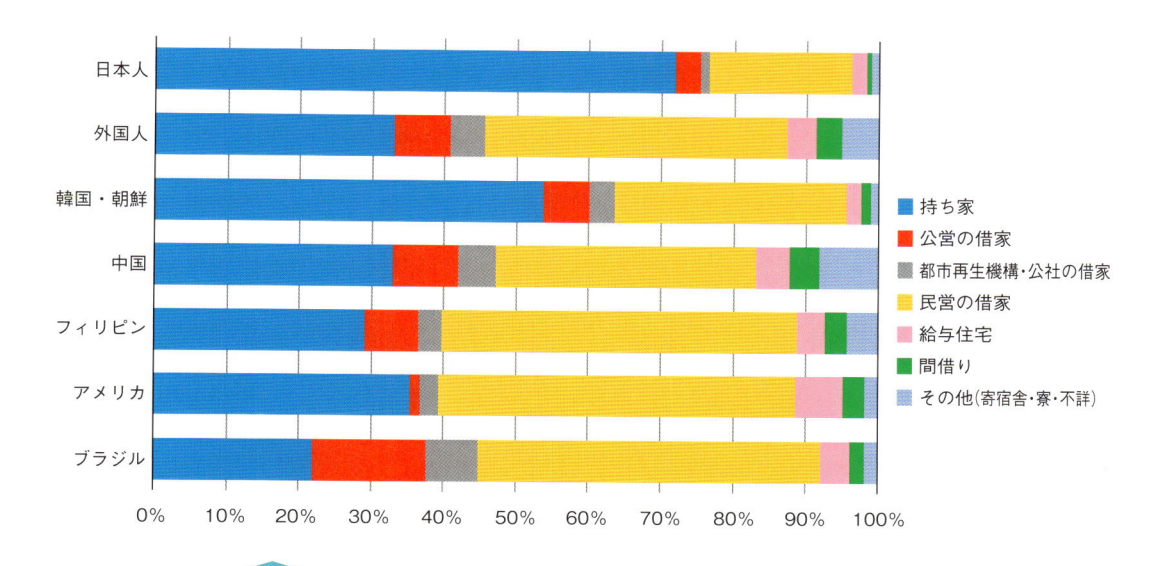

図24-1 日本人と外国人の居住する住宅の種類（世帯人員割合）
資料：2015 年国勢調査、国勢調査個票データ

凡例（図24-1）：
- 持ち家
- 公営の借家
- 都市再生機構・公社の借家
- 民営の借家
- 給与住宅
- 間借り
- その他（寄宿舎・寮・不詳）

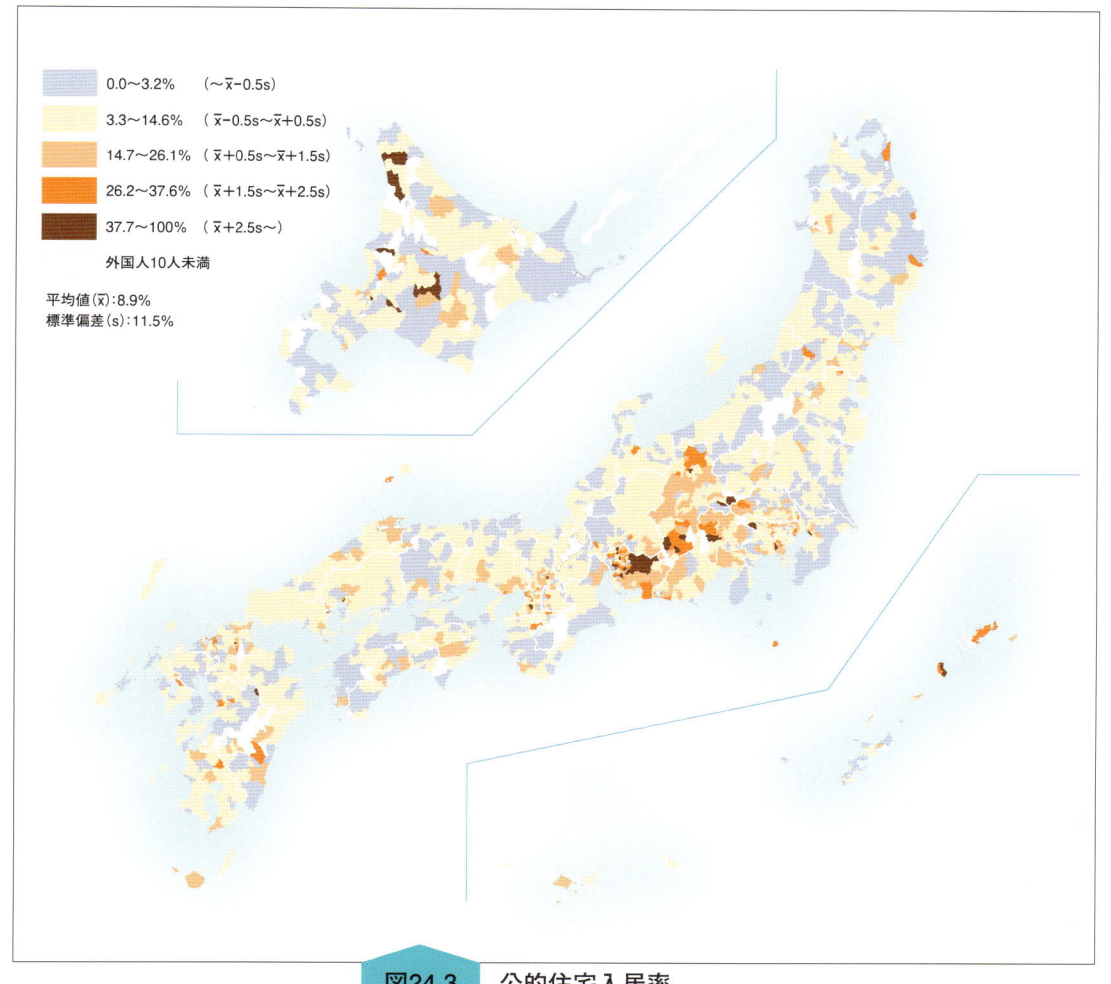

凡例（図24-3）：
- 0.0〜3.2%　（〜$\bar{x}$−0.5s）
- 3.3〜14.6%　（$\bar{x}$−0.5s〜$\bar{x}$+0.5s）
- 14.7〜26.1%　（$\bar{x}$+0.5s〜$\bar{x}$+1.5s）
- 26.2〜37.6%　（$\bar{x}$+1.5s〜$\bar{x}$+2.5s）
- 37.7〜100%　（$\bar{x}$+2.5s〜）

外国人10人未満

平均値($\bar{x}$)：8.9%
標準偏差(s)：11.5%

図24-3 公的住宅入居率

V 生活

49

日本に帰化する人の数は、1970 〜 79 年と 1980 〜 89 年の 2 期とも 7 万人弱であったものの、1990 〜 99 年は約 12 万人まで増え、2000 〜 09 年には 15 万人を超えた。図 25-2 から図 25-5 までの 4 枚の地図は、10 年間ごとの都道府県別の帰化数を示しているが、4 期の合計で 1 万人を超えた都道府県を多い順でみると、三大都市圏と九州の福岡で帰化が目立っている。大阪、兵庫、京都で次第に増加しているのは、オールドカマーで

ある韓国・朝鮮人の帰化が増加しているためと考えられる。2000 〜 09 年の期間では、長野、静岡、岐阜、滋賀、広島、山口などの県も帰化者数が 2,000 人以上まで増えたが、北海道や東北、四国の諸県ではいずれも 1,600 人以下の少数に留まっている。

いずれの時代においても、帰化者の大半を占めるのは韓国・朝鮮からの人で、1995 年からは中国、2003 年からは他の国（その他）からの帰化者が増えつつある（図 25-1）。　　　　　（杜　国慶）

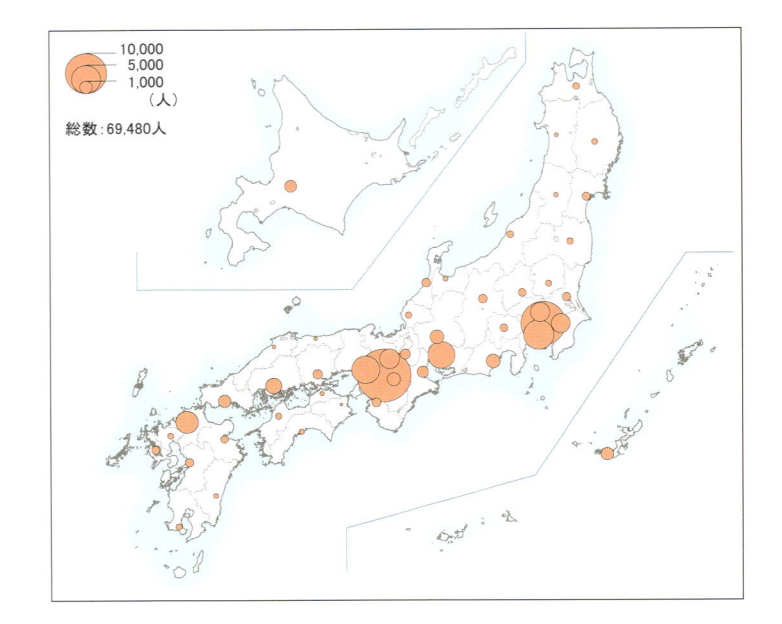

図25-2 帰化数（1970〜79年）

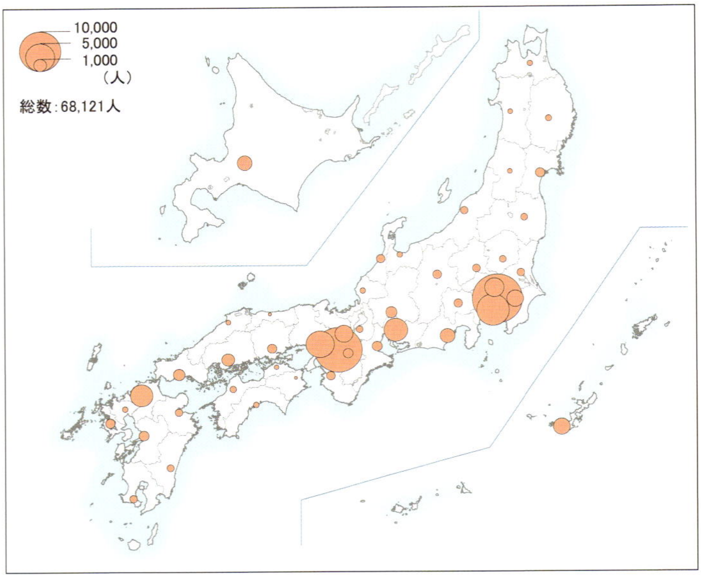

図25-3 帰化数（1980〜89年）

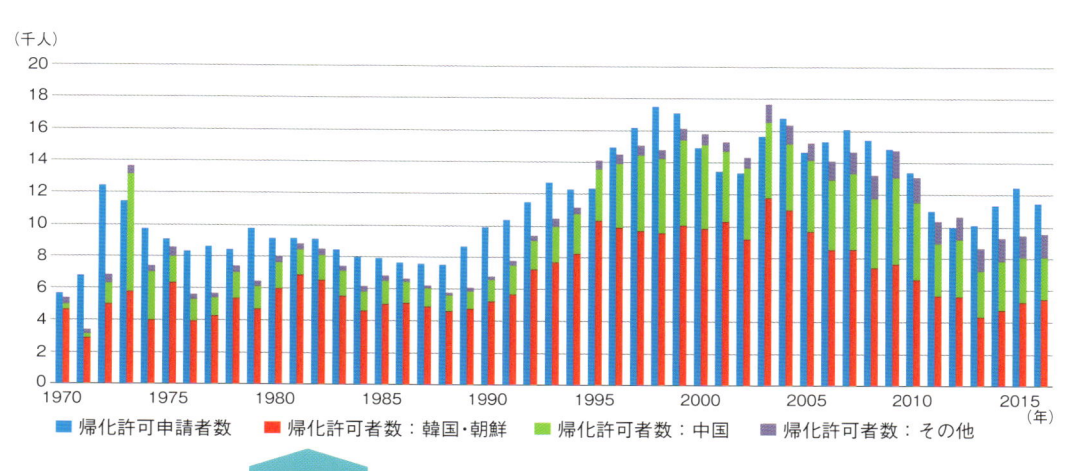

凡例: ■ 帰化許可申請者数　■ 帰化許可者数：韓国・朝鮮　■ 帰化許可者数：中国　■ 帰化許可者数：その他

図25-1　帰化人数の地方別割合の変化
資料：法務省民事局資料

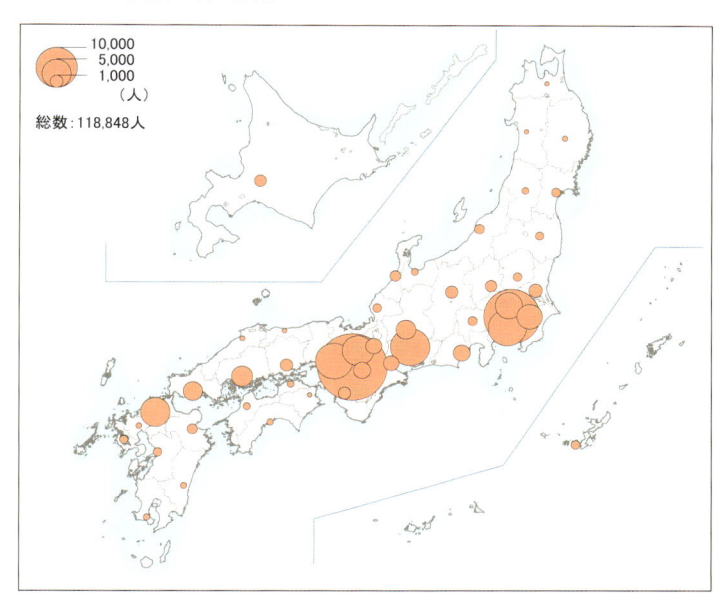

図25-4　帰化数
（1990～99年）

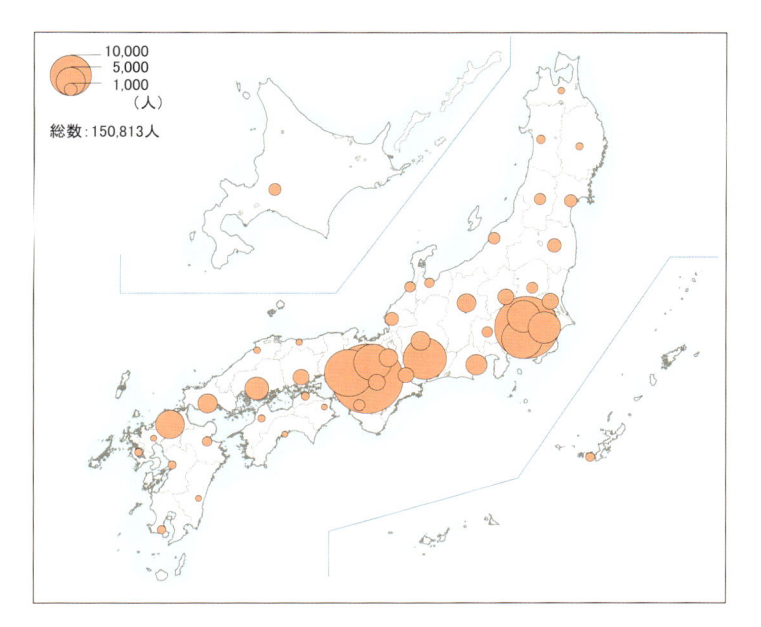

図25-5　帰化数
（2000～09年）

V
生
活

51

　図 26-1 と図 26-2 は、それぞれ東京、大阪の外国人集住地を、1980 年の国勢統計区単位、および 2000 年、2015 年の町丁字単位で示したものである。写真 26-1 と写真 26-2 は、これら 2 都市の集住地区の光景である。前住地「国外」の割合（2015 年）は、新規入国のニューカマーの割合が高い場所とみなすことができる。

　オールドカマーの集住地（1980 年）は、東京の荒川区、足立区、江東区、大阪の生野区とその周辺などにみられるが、近年は縮小傾向にある。ただし、東京の荒川区や大阪の生野区、西成区の一部では、ニューカマーの流入も推測される。一方、ニューカマーによって新たに形成された集住地として、東京の新宿区、豊島区や、大阪の中央区、浪速区があげられる。これらの区は、前住地「国外」の割合が高く、生活基盤の乏しいニューカマーが来日当初に集住する場所だといえる。滞在が長期化した者のなかには、他所への転出もみられると推測され（図 32-1 ～ 32-3 も参照）、在日外国人の「ゲートウェイ」として機能している地域と考えられる。　　　　　　　　　　（福本拓）

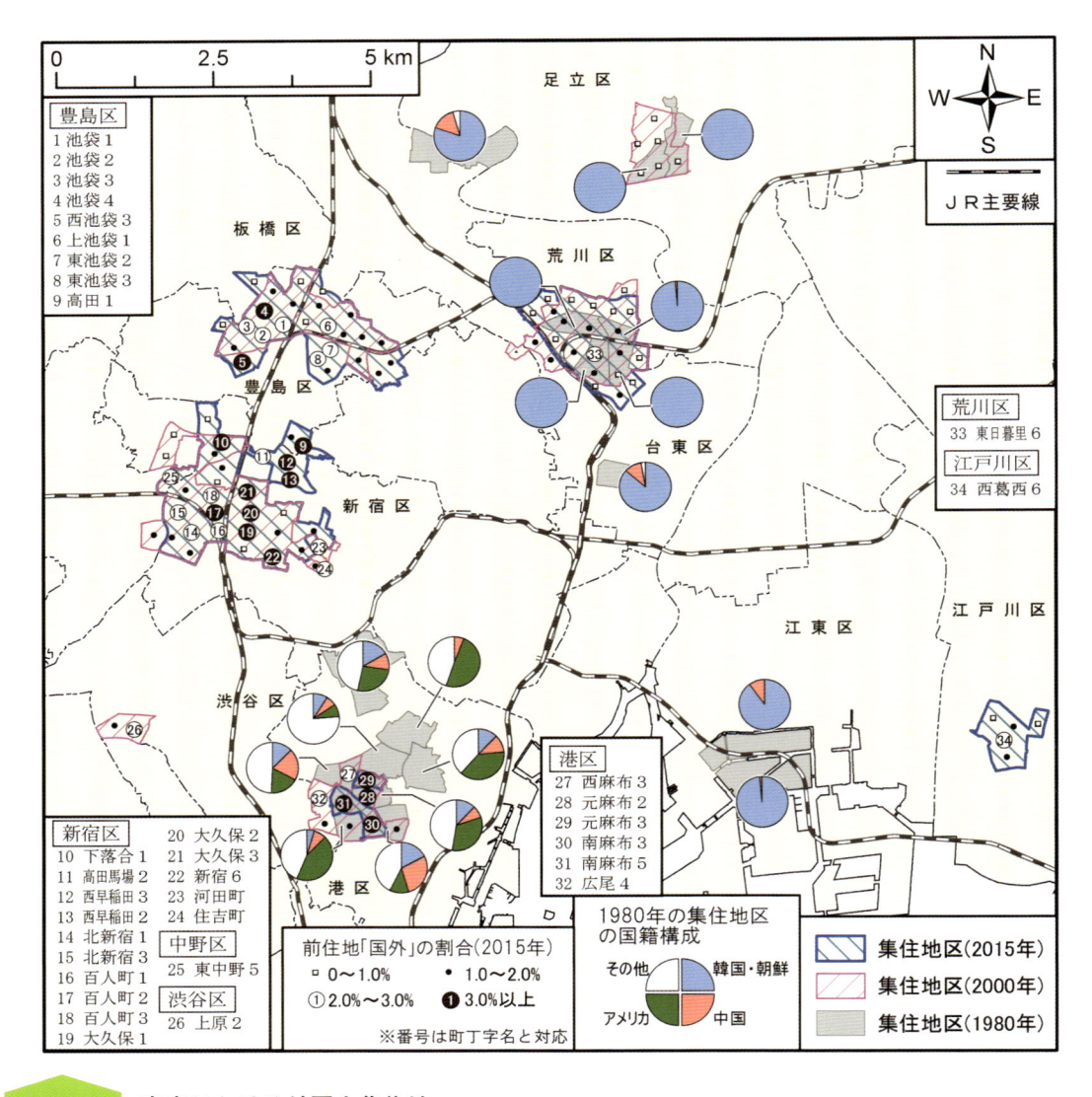

図26-1　東京における外国人集住地

資料：国勢調査国勢統計区別集計および小地域統計。注：町丁字名を示したのは、集住地区内で前住地「国外」の割合が 2.0% を超える地区。江戸川区の集住地区は基準をわずかに満たさなかったが、現出しつつある新たな集住地区の例として取り上げている。

写真26-1　東京・新大久保

ニューカマー経営の飲食店に加え、韓国文化のショップも登場した。2009年12月6日石川義孝撮影。

写真26-2　大阪・コリアタウン

地元では「朝鮮市場」とも呼ばれ、キムチなどエスニック食材が並ぶ。2008年4月3日筆者撮影。

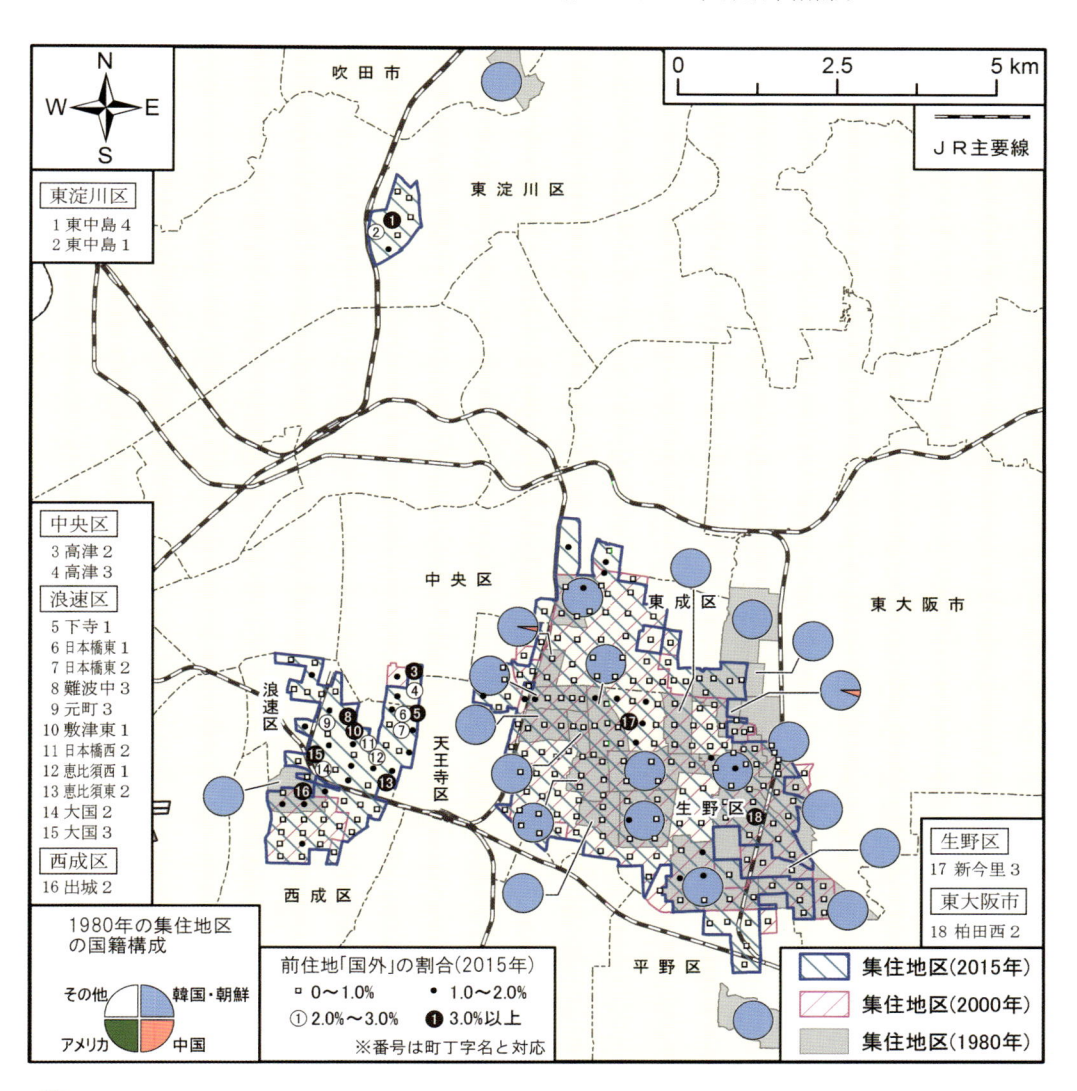

図26-2　大阪における外国人集住地

資料：国勢調査国勢統計区別集計および小地域統計。注：町丁字名を示したのは、集住地区内で前住地「国外」の割合が2.0%を超える地区。

　札幌市と仙台市は、日本の主要都市のなかで外国人比率が比較的低い都市である。両市において外国人比率の高い地区は大学の近隣にみられ、外国人教員や留学生が入居する宿舎・賃貸住宅の立地と関係している（図27-1、27-2）。大学の近隣に外国人比率の高い地区がみられる傾向は、さいたま市も同様である（図27-3）。また、札幌市では定山渓温泉の周辺、さいたま市では運輸業や製造業の事業所周辺において外国人比率が高く、外国人労働者の存在が背景にあると考えられる。川崎市では、臨海部に歴史的に形成されてきた外国人集住地がみられるほか、川崎駅の周辺でも外国人比率が高い（図27-4）。最後に、公営住宅・公共住宅の集中する地区において外国人比率が高いことは、他の主要都市と同様にこれら4都市にも共通することを指摘しておく。　　　　（宮澤　仁）

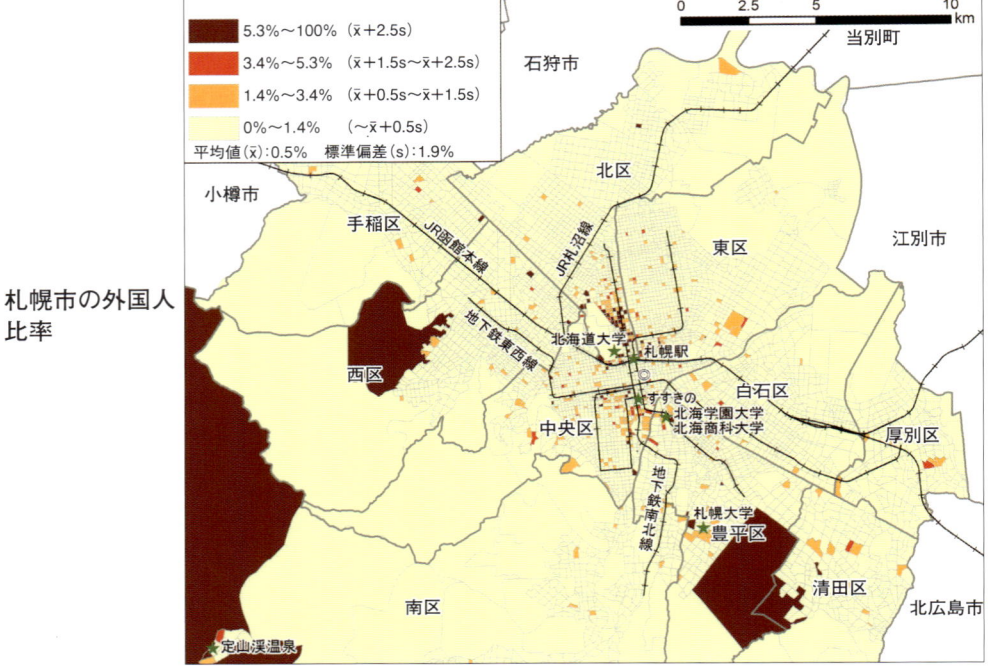

図27-1　札幌市の外国人比率

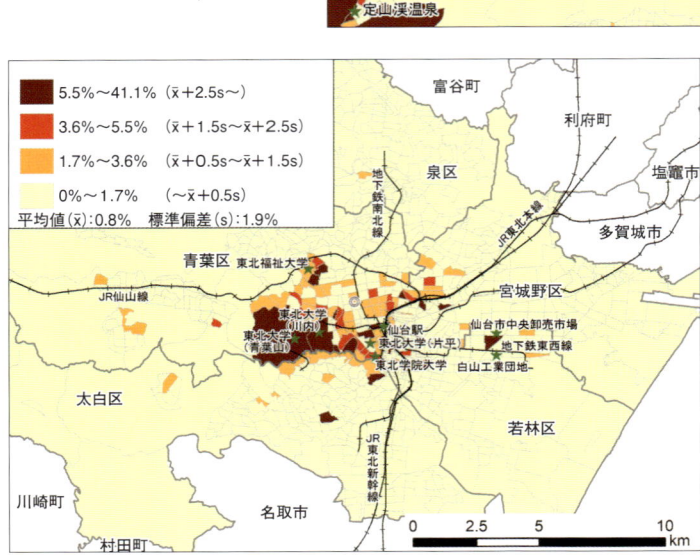

図27-2　仙台市の外国人比率

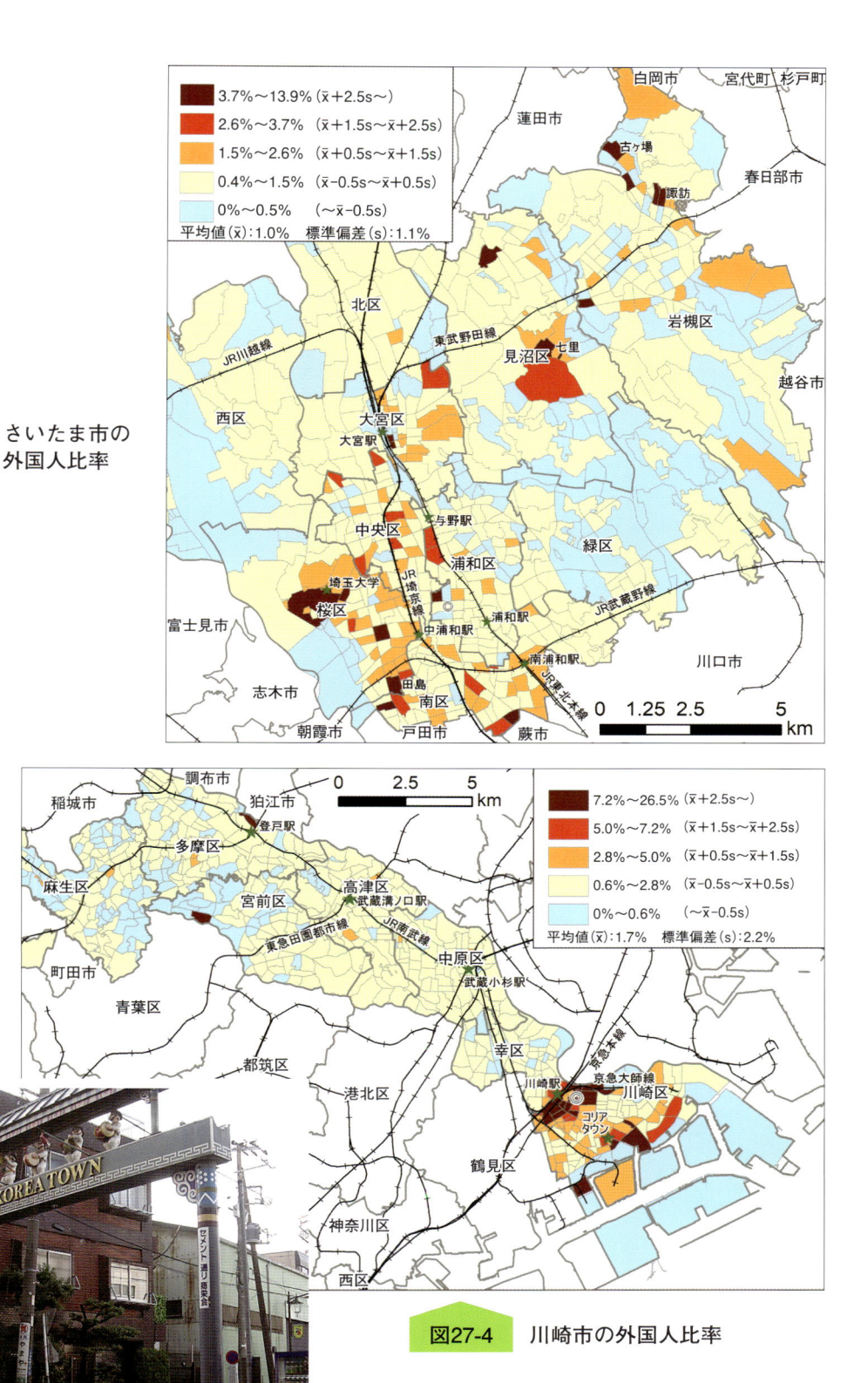

図27-3　さいたま市の外国人比率

3.7%～13.9%（x̄+2.5s～）
2.6%～3.7%（x̄+1.5s～x̄+2.5s）
1.5%～2.6%（x̄+0.5s～x̄+1.5s）
0.4%～1.5%（x̄-0.5s～x̄+0.5s）
0%～0.5%（～x̄-0.5s）
平均値（x̄）:1.0%　標準偏差（s）:1.1%

7.2%～26.5%（x̄+2.5s～）
5.0%～7.2%（x̄+1.5s～x̄+2.5s）
2.8%～5.0%（x̄+0.5s～x̄+1.5s）
0.6%～2.8%（x̄-0.5s～x̄+0.5s）
0%～0.6%（～x̄-0.5s）
平均値（x̄）:1.7%　標準偏差（s）:2.2%

図27-4　川崎市の外国人比率

写真27-1　川崎市のコリアタウンゲート

川崎市の臨海部には戦前から韓国・朝鮮籍外国人の工場労働者が多く居住しており、現在でも国内有数の集住地となっている。商店街には多数の韓国料理店や同食品店がみられる。2010年10月11日筆者撮影。

　人は外国の移住先では、仕事の融通や生活上の相互扶助のために、同胞と集住する傾向が強い。外国人が多く住む横浜市、浜松市、豊橋市でも集住地域があるが、外国の諸都市と比較すると、小さな空間スケールである町丁単位では外国人比率はそれほど高くない。

　横浜市の集住地域は、ここで紹介する豊橋市、浜松市と異なって、市街地中心部に存在している。横浜での集住は、江戸時代末の外国人居留地に始まり、それが元町中華街となり、現在の居住パターンの基盤となっている（図28-1）。

　豊橋市では、県営・市営住宅に外国人が多く居住している（図28-2）。浜松市は日本最大のブラジル人居住都市で、その集住地は、市南部、東部、北部の製造業の盛んな地域に島状に形成されている（図28-4）。多くは公的住宅に居住しており（図28-3）、集住地と公的住宅地の分布はそこかしこで一致している。写真28-1は、外国人の居住者の多い住宅の光景である。

（西原　純）

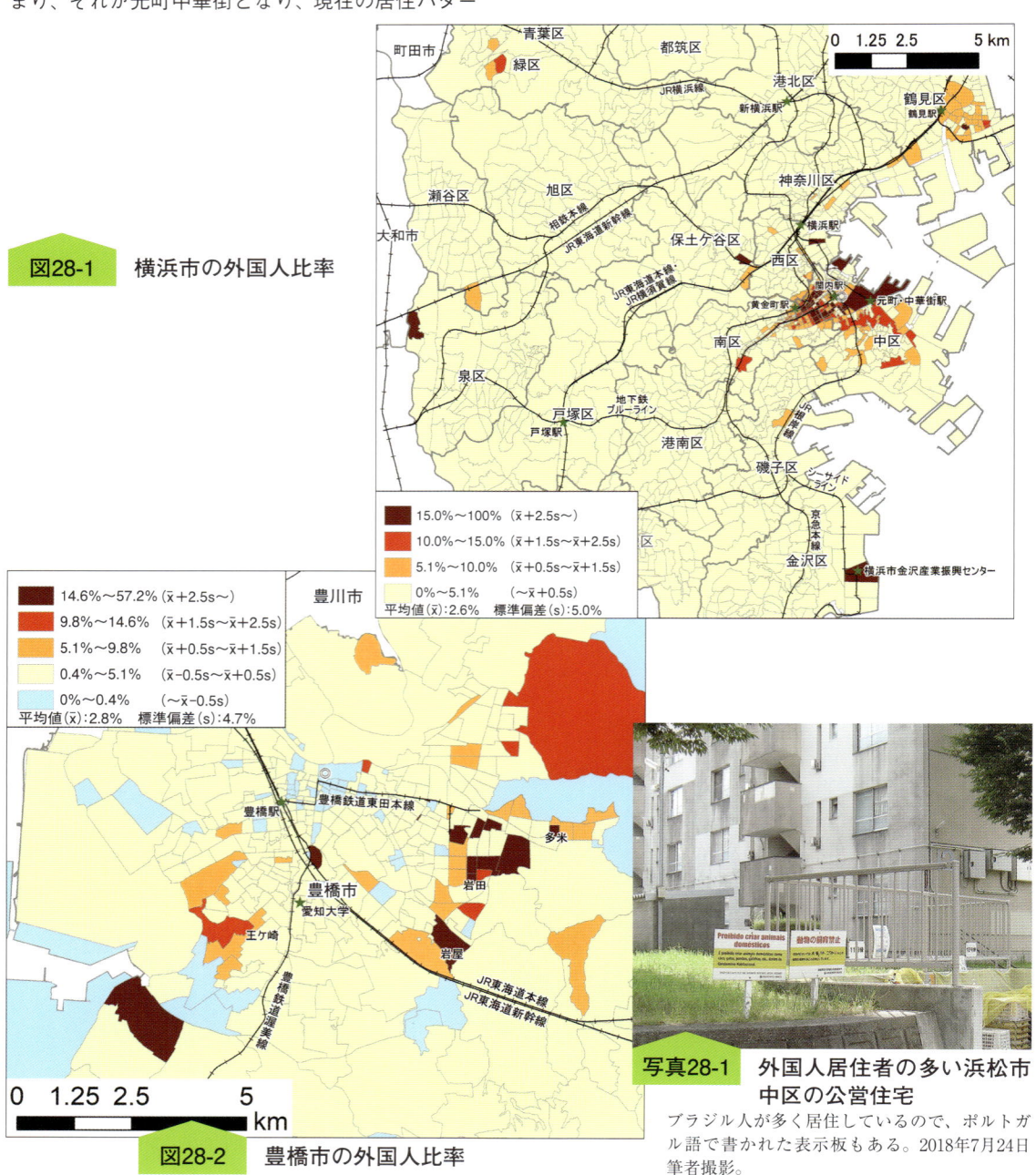

図28-1　横浜市の外国人比率

15.0%～100%　（x̄＋2.5s～）
10.0%～15.0%　（x̄＋1.5s～x̄＋2.5s）
5.1%～10.0%　（x̄＋0.5s～x̄＋1.5s）
0%～5.1%　（～x̄＋0.5s）
平均値（x̄）：2.6%　標準偏差（s）：5.0%

14.6%～57.2%（x̄＋2.5s～）
9.8%～14.6%　（x̄＋1.5s～x̄＋2.5s）
5.1%～9.8%　（x̄＋0.5s～x̄＋1.5s）
0.4%～5.1%　（x̄－0.5s～x̄＋0.5s）
0%～0.4%　（～x̄－0.5s）
平均値（x̄）：2.8%　標準偏差（s）：4.7%

図28-2　豊橋市の外国人比率

写真28-1　外国人居住者の多い浜松市中区の公営住宅

ブラジル人が多く居住しているので、ポルトガル語で書かれた表示板もある。2018年7月24日筆者撮影。

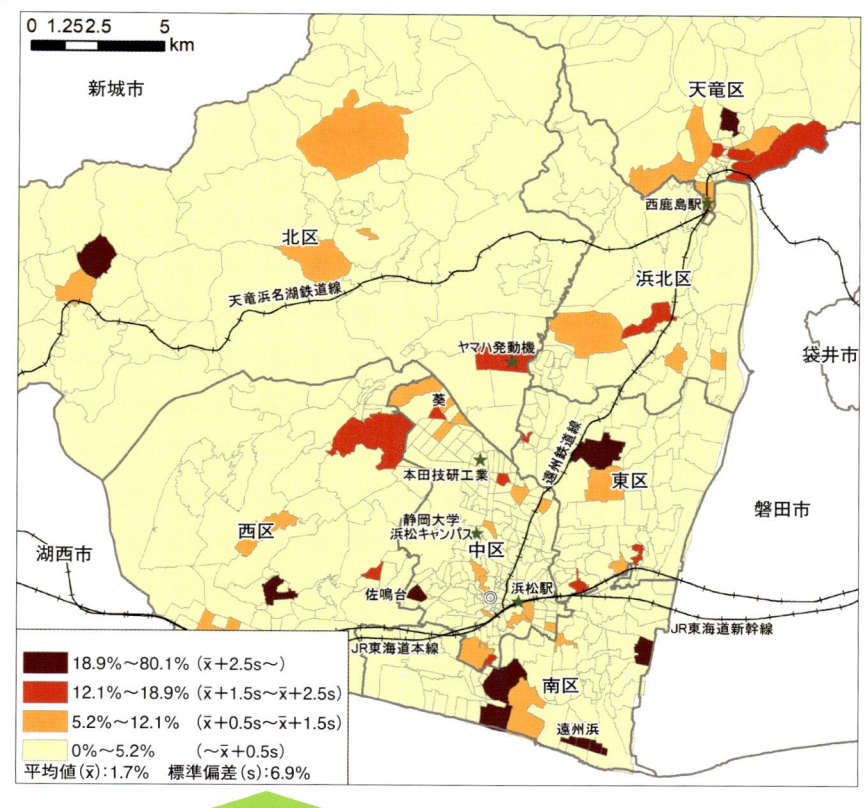

図28-3 浜松市の公的住宅入居率（総人口）

凡例：
- 18.9%～80.1%（x̄+2.5s～）
- 12.1%～18.9%（x̄+1.5s～x̄+2.5s）
- 5.2%～12.1%（x̄+0.5s～x̄+1.5s）
- 0%～5.2%（～x̄+0.5s）

平均値（x̄）:1.7%　標準偏差（s）:6.9%

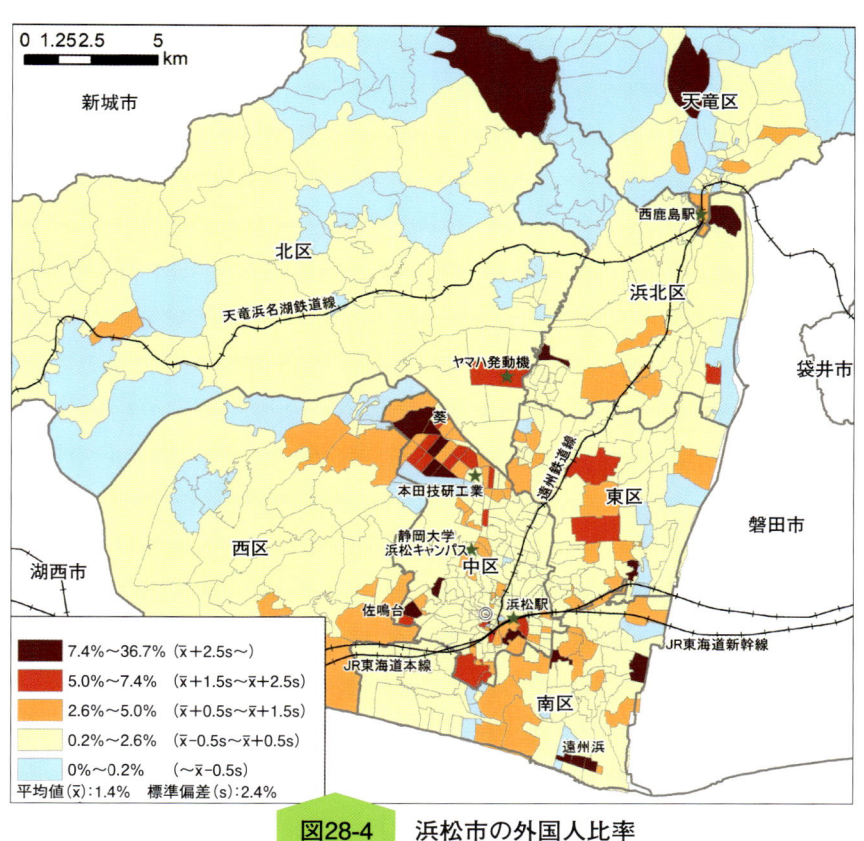

図28-4 浜松市の外国人比率

凡例：
- 7.4%～36.7%（x̄+2.5s～）
- 5.0%～7.4%（x̄+1.5s～x̄+2.5s）
- 2.6%～5.0%（x̄+0.5s～x̄+1.5s）
- 0.2%～2.6%（x̄-0.5s～x̄+0.5s）
- 0%～0.2%（～x̄-0.5s）

平均値（x̄）:1.4%　標準偏差（s）:2.4%

多くの日本の大都市と共通して、名古屋市（図29-1）と京都市（図29-4）の両市では、規模こそ違え、在日コリアンの集住地区があり、周辺地域社会との軋轢を長く経験してきた。そうした一面を、日本人と在日韓国人高校生の恋愛を通して描いた青春映画『パッチギ！』の舞台は、京都市内の最大の集住地である東九条とされる（写真29-1）。これに対し、名古屋市の歓楽街である栄付近には、中国やフィリピンからの流入者とともに新来コリアンの流入が1990年代半ばより進み、新た

なコリアンタウンが形成されている（図29-1）。

四日市市（図29-2）と豊田市（図29-3）の外国人集住地区は、主として1990年代以降に流入した南米系（主としてブラジル人）の工場労働者とその家族を中心に構成されており、一部の公的住宅地など極めて限定された地区内に集中する傾向が強い。いずれの地域においても共通していることは、留学生の居住を反映して大学の周辺に外国人比率の高い地区がみられることである。

（中谷友樹）

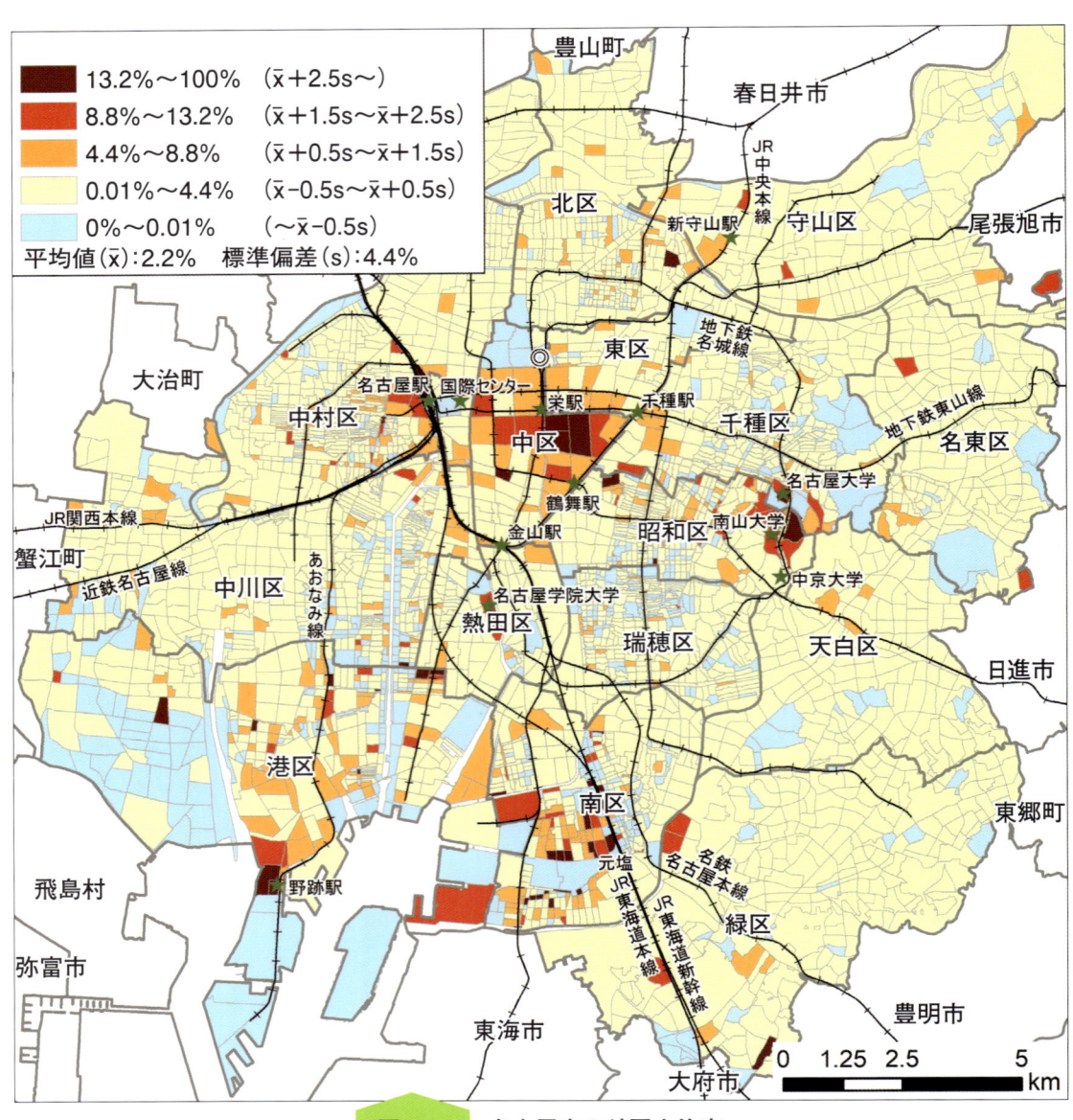

図29-1 名古屋市の外国人比率

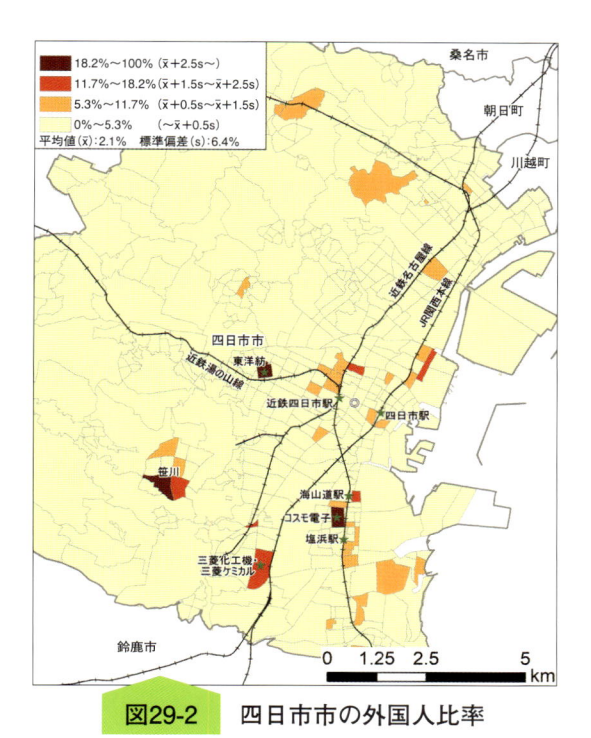

図29-2 四日市市の外国人比率

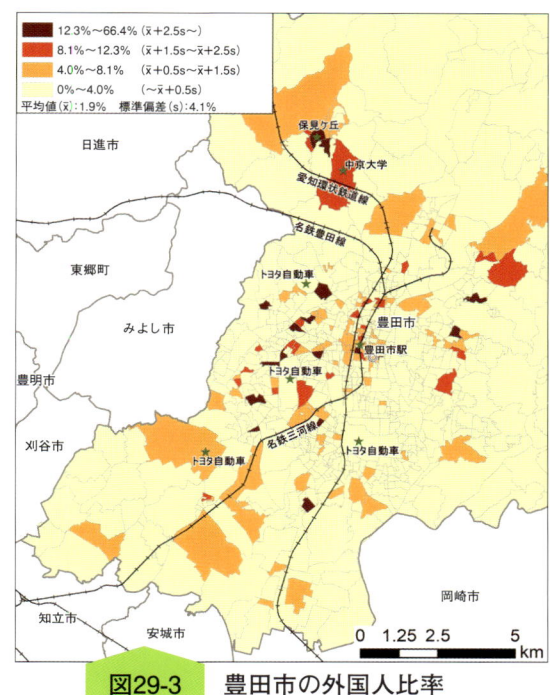

図29-3 豊田市の外国人比率

写真29-1 京都の東九条マダン

在日コリアンが中心となった多文化の共生を謳う祭りの風景。2010年11月3日筆者撮影。

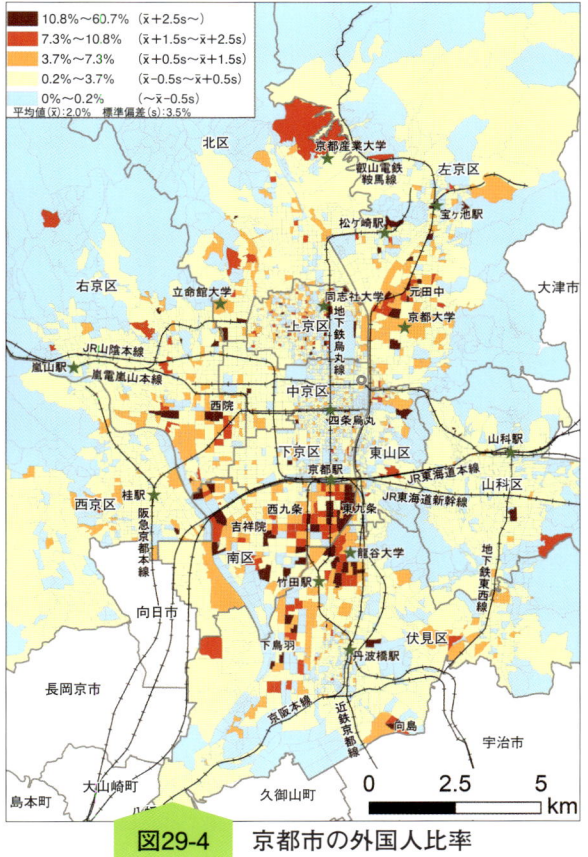

図29-4 京都市の外国人比率

神戸市はその中心部にモスク、ユダヤ教会、カトリック教会などの宗教施設やインターナショナルスクールがあり、古くからヨーロッパ系・インド系の人びとが暮らす街である。一方、西部の長田区は在日韓国・朝鮮人の集住地区であり、1980年代からここに難民として定住したベトナム人が加わり地場産業の靴製造を支えてきた（図30-1）。

福岡市は在日韓国・朝鮮人や結婚移民に加え、外国人留学生が高比率地区を形成している。九州大学の学部・大学院で学ぶ中国人留学生のほか、近年は日本語学校で学ぶベトナムやネパールからの留学生の増加にともなって高比率地区がさらに増えた（図30-2）。

広島市は市内中心部の基町アパート（写真30-1）への中国帰国者の入居が多く、また西部の福島町は在日韓国・朝鮮人の多い場所だ（図30-3, 30-4）。上記の2地区のほか、造船工場で働く技能実習生が多い金輪島や、自動車関連の工場で働く日系ブラジル人が多い安芸郡海田町で高比率となっている（図30-4）。

（高畑　幸）

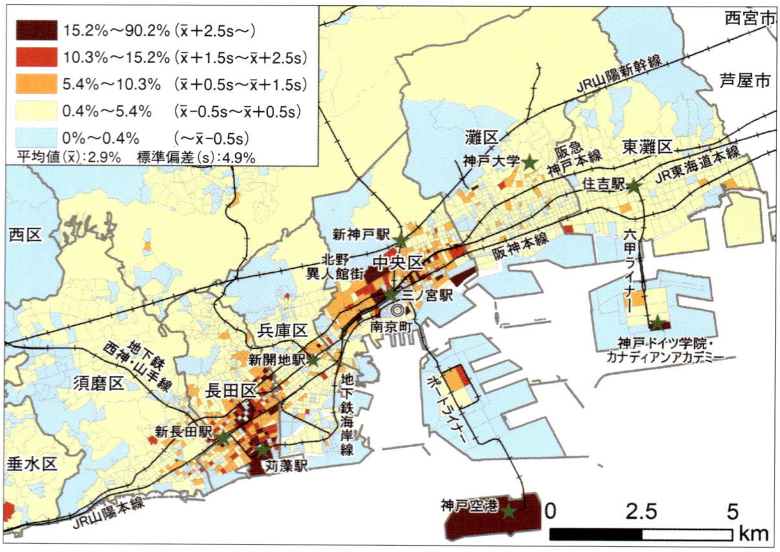

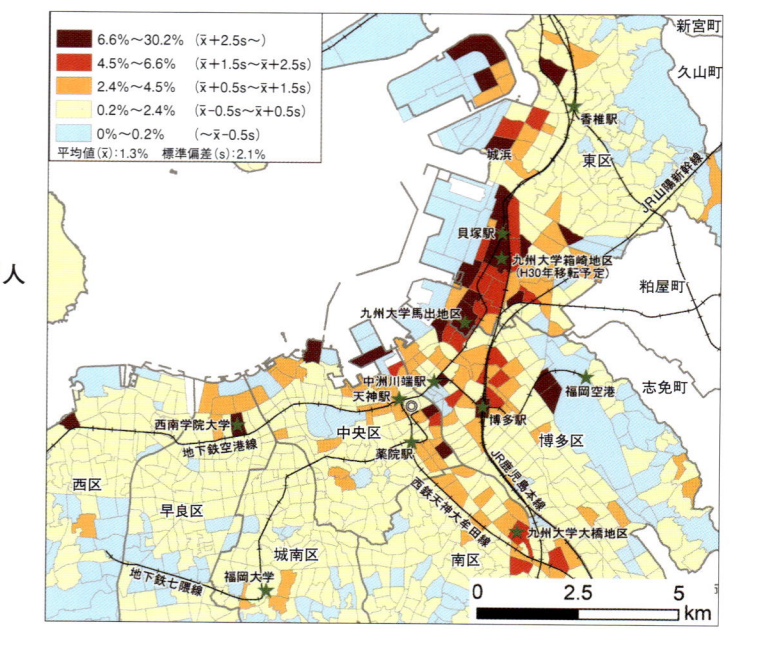

図30-1 神戸市の外国人比率

図30-2 福岡市の外国人比率

写真30-1　広島市中区の基町高層アパート

広島市最大の公的住宅で、中国帰国者を中心に多くの外国人が暮らす。2010年10月23日筆者撮影。

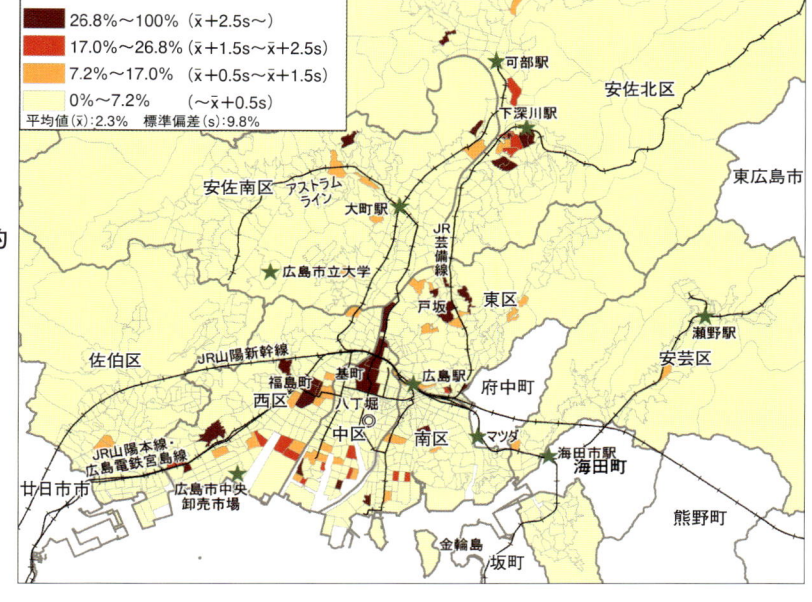

図30-3　広島市の公的住宅入居率（総人口）

凡例：
- 26.8%～100%（$\bar{x}+2.5s$～）
- 17.0%～26.8%（$\bar{x}+1.5s$～$\bar{x}+2.5s$）
- 7.2%～17.0%（$\bar{x}+0.5s$～$\bar{x}+1.5s$）
- 0%～7.2%（～$\bar{x}+0.5s$）

平均値（$\bar{x}$）:2.3%　標準偏差（s）:9.8%

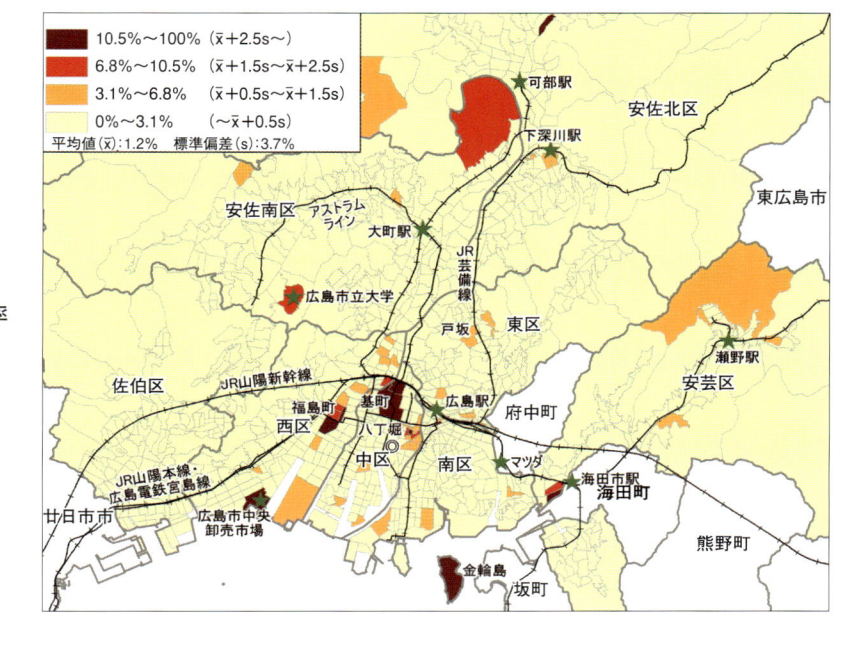

図30-4　広島市の外国人比率

凡例：
- 10.5%～100%（$\bar{x}+2.5s$～）
- 6.8%～10.5%（$\bar{x}+1.5s$～$\bar{x}+2.5s$）
- 3.1%～6.8%（$\bar{x}+0.5s$～$\bar{x}+1.5s$）
- 0%～3.1%（～$\bar{x}+0.5s$）

平均値（$\bar{x}$）:1.2%　標準偏差（s）:3.7%

人口分布の地方別比率をみると、全国に占める三大都市圏の比率が、日本人では51.38%（東京圏は28.16%）なのに対し、外国人では70.60%（東京圏は40.98%）に達している（表31-1）。これは、外国人の三大都市圏、特に東京圏への集中が圧倒的に大きく、日本人以上に外国人の東京一極集中が進んでいることを示している。

外国人がどの都道府県を居住地として選択するかに関しては、国際移動と国内移動に分けて確認できる。国際移動に関しては、東京圏を含む三大都市圏を目的地とする移動が目立つ。流入外国人を主要国籍別にみると、中国が最多の国籍となっている県が多いが、国籍構成は県ごとの差も大きく、国籍の多様化が進んでいるようにみえる（図31-1）。一方、国内移動に関して、各都道府県から第一位目的地としてどの都道府県が選択されているかをみると、日本人に比べ、外国人は愛知県を選択する県が多い（図31-2、31-3）。

（石川義孝）

	日本人住民(%)	外国人住民(%)
全国	100.00	100.00
北海道	4.25	1.21
東　北	7.13	2.21
北関東	5.42	6.07
東京圏	28.16	40.98
北　陸	4.20	2.31
北陸・名古屋圏以外の中部（山梨・長野・静岡）	5.26	5.27
名古屋圏	8.86	13.23
大阪圏	14.36	16.39
大阪圏以外の近畿（滋賀・和歌山）	1.89	1.34
中　国	5.87	4.07
四　国	3.08	1.33
九　州	11.51	5.58

表31-1 日本人と外国人の人口の地方別比率
資料：石川（2018年）

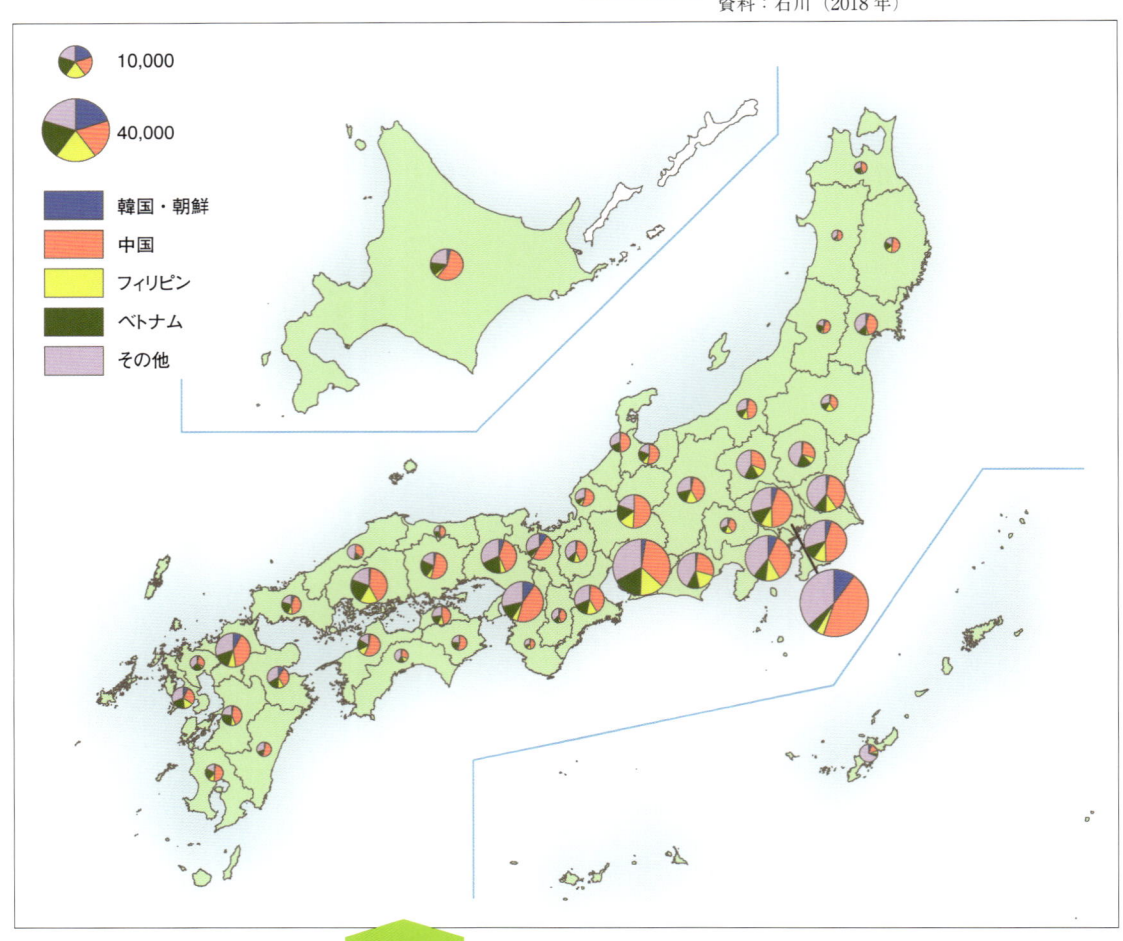

図31-1 流入外国人

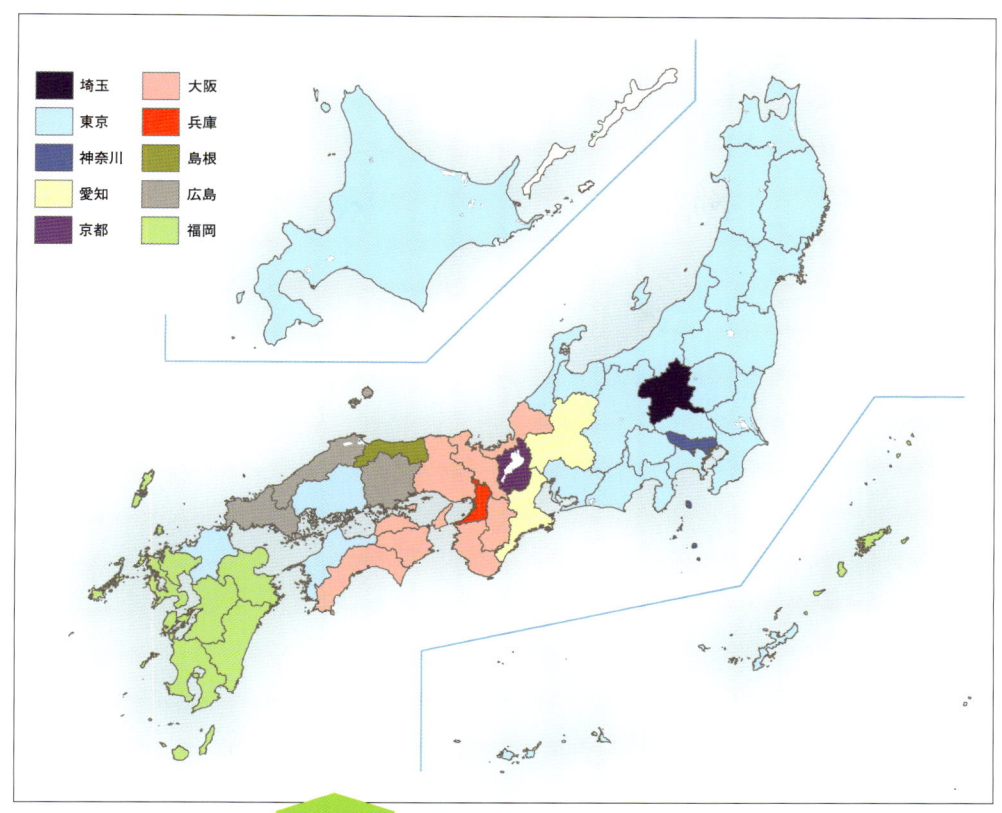

図31-2　日本人の第1位転出先

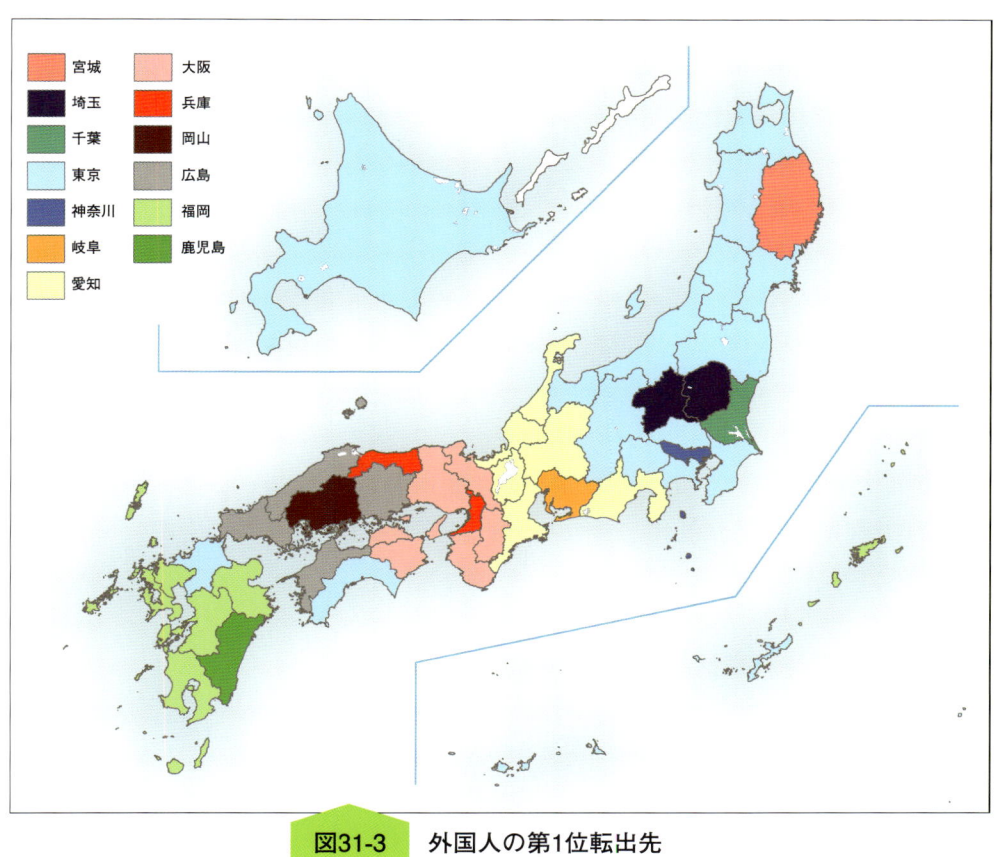

図31-3　外国人の第1位転出先

　表 32-1 は、三大都市圏における日本人、外国人の純移動率、すなわち社会増減数が人口に占める割合を示している。埼玉、神奈川、愛知、兵庫の外国人の純移動率は日本人と比べて大きく、特に埼玉と神奈川の値が目立つ。反面、東京、岐阜、京都、大阪では日本人よりも小さい。たとえば東京で外国人の多さにかかわらず純移動数が少ないのは、転入数に対して国外・国内への転出数も多いことが反映されている。

　図 32-1 ～ 32-3 は、東京駅、名古屋駅、大阪駅から 50km 圏の市区町を対象に、外国人の国内移動について、転入または転出超過数を示したものである。図 32-1 をみると、転出超過数の多い市区として、東京都新宿区のほか、千葉県成田市、茨城県取手市などがある。これらの市区には、来日後にいったん居住した後、国内移動を行う者が多く、外国人の「ゲートウェイ」になっているとみなせよう（図 26-1 も参照）。分布をみると、都心に近い地域から、その周辺へと国内移動が生じ、居住地の分散傾向が想定される。転入超過の値も大きく、表 32-1 に示した都道府県別の動向と整合的である。図 32-2 の名古屋圏でも、都心での転出超過とその周辺地域での転入超過が看取できる。ただし、図 32-3 の大阪圏の結果はやや異なり、むしろ都心部において転入超過で、その周辺では転出超過となっている。これには、オールドカマーの居住地分散も影響していると推測される。

（福本　拓）

大都市圏名	都府県名	日本人		外国人	
		純移動数（人）	純移動率（%）	純移動数（人）	純移動率（%）
東京圏	埼玉	15,560	0.22	6,142	4.50
	千葉	16,075	0.26	-2,912	-2.42
	東京	74,177	0.57	147	0.03
	神奈川	12,056	0.13	4,037	2.31
名古屋圏	岐阜	-5,031	-0.25	-1,353	-3.07
	愛知	6,265	0.09	2,703	1.34
	三重	-3,597	-0.20	89	0.21
大阪圏	京都	-750	-0.03	-278	-0.52
	大阪	1,794	0.02	-1,390	-0.67
	兵庫	-6,760	-0.12	455	0.47
	奈良	-3,619	-0.26	28	0.26

表32-1　三大都市圏内都府県の純移動

資料：2016 年住民基本台帳人口移動報告年報、住民基本台帳に基づく人口、人口動態及び世帯数調査

図32-1　東京圏における外国人国内移動の転入超過数（市区町村別）

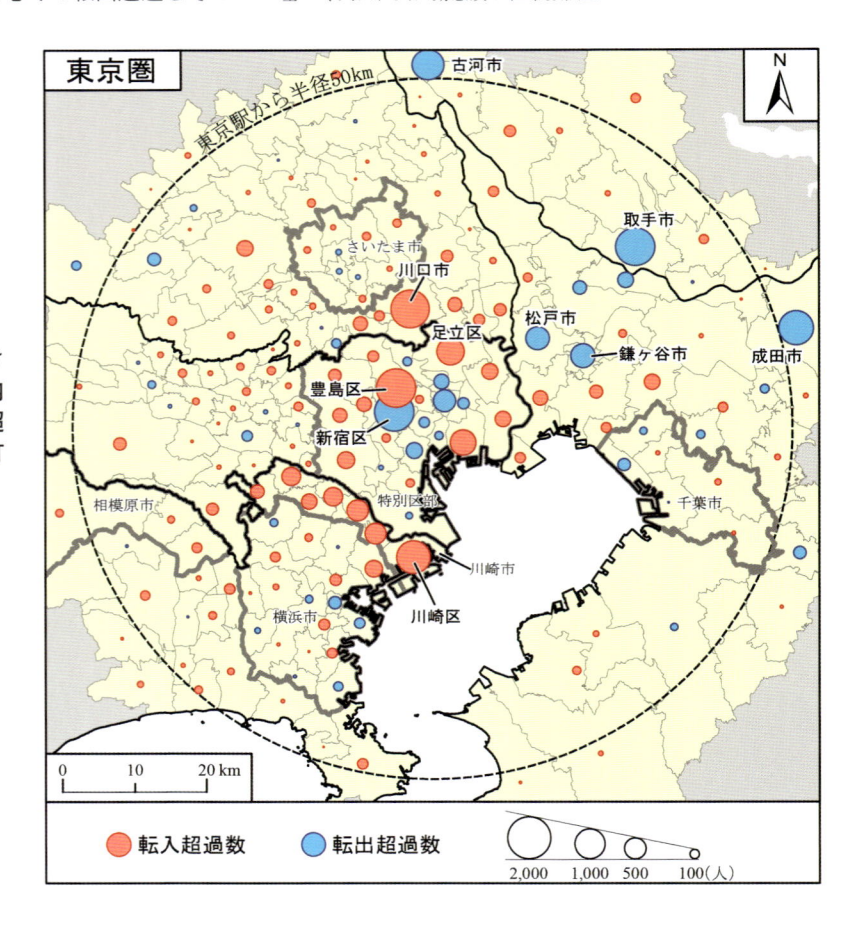

図32-2 名古屋圏における外国人国内移動の転入超過数（市区町村別）

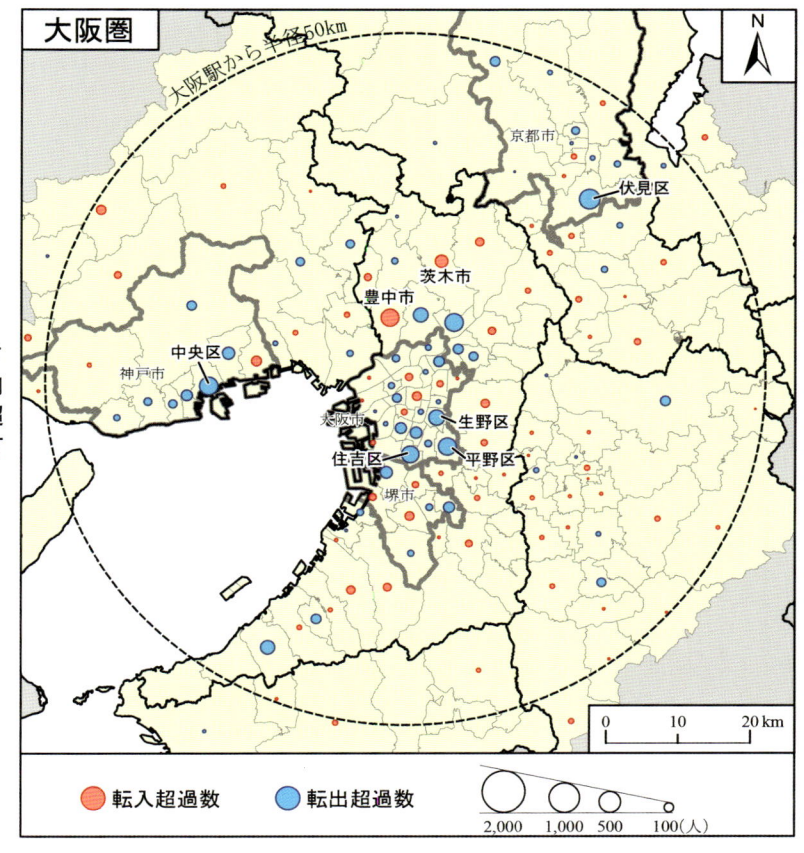

名古屋圏

名古屋駅から半径50km

山県市
岐阜市
羽島市
中村区
南区

0　10　20km

●転入超過数　●転出超過数

2,000　1,000　500　100(人)

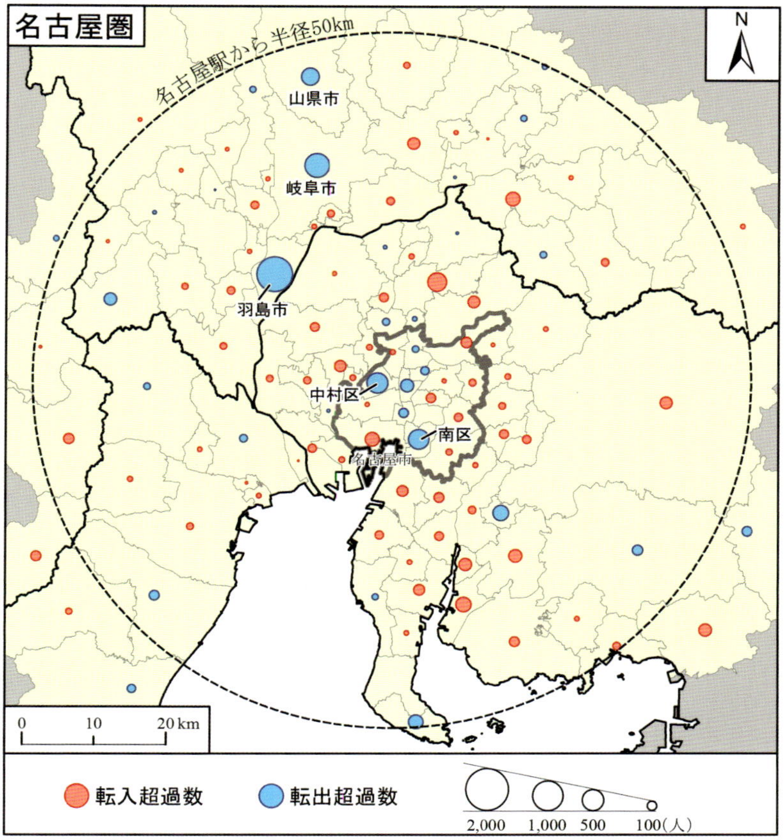

図32-3 大阪圏における外国人国内移動の転入超過数（市区町村別）

大阪圏

大阪駅から半径50km

京都市
伏見区
茨木市
豊中市
中央区
神戸市
大阪市
生野区
住吉区
平野区
堺市

0　10　20km

●転入超過数　●転出超過数

2,000　1,000　500　100(人)

地図化指標の出典と算出方法

図番号	タイトル	データの年次	データの出典	地図化した指標の算出方法 転載地図の出典など	備　考
図 1-2	2統計による外国人数の違い	2015	国勢調査、在留外国人統計（12月）	[（『国勢調査』記載の外国人数）/（『在留外国人統計』記載の外国人数）] × 100	
図 2-1	都道府県別にみた外国人比率	2015	国勢調査	[（外国人数）/（総人口）] × 100	総人口：日本人＋外国人（以下、同様）
図 2-3	市区町村別にみた外国人比率	2015	国勢調査個票データ	[（外国人数）/（総人口）] × 100	
図 3-2	日本人の増加率	2010 〜 2015	国勢調査	[（2015年の日本人数−2010年の日本人数）/（2010年の日本人数）] × 100	
図 3-3	外国人の増加率	2010 〜 2015	国勢調査	[（2015年の外国人数−2010年の外国人数）/（2010年の外国人数）] × 100	
図 4-2	都道府県別にみた外国人性比	2015	国勢調査	[（男子人口）/（女子人口）] × 100	
図 4-3	市区町村別にみた外国人性比	2015	国勢調査個票データ	[（男子人口）/（女子人口）] × 100	
図 5-2	高齢人口比率	2015	国勢調査個票データ	[（65歳以上の外国人人口）/（外国人人口）] × 100	
図 5-3	年少人口比率	2015	国勢調査個票データ	[（0〜14歳の外国人人口）/（外国人人口）] × 100	
図 5-4	生産年齢人口比率	2015	国勢調査個票データ	[（15〜64歳の外国人人口）/（外国人人口）] × 100	
図 6-2	オールドカマー・ニューカマーの比率	2016（12月）	在留外国人統計	オールドカマー比率：[（オールドカマー人口）/（外国人数）] × 100、ニューカマー比率：100−オールドカマー比率	オールドカマー：「特別永住者」の在留資格をもつ外国人、ニューカマー：それ以外の在留資格をもつ外国人
図 6-3	韓国・朝鮮人比率	2015	国勢調査個票データ	[（韓国・朝鮮人人口）/（外国人人口）] × 100	
図 7-2	中国人比率	2015	国勢調査個票データ	[（中国人人口）/（外国人人口）] × 100	
図 7-3	ブラジル人比率	2015	国勢調査個票データ	[（ブラジル人人口）/（外国人人口）] × 100	
図 7-4	フィリピン人比率	2015	国勢調査個票データ	[（フィリピン人人口）/（外国人人口）] × 100	
図 8-2	ペルー人比率	2015	国勢調査個票データ	[（ペルー人人口）/（外国人人口）] × 100	
図 8-3	アメリカ人比率	2015	国勢調査個票データ	[（アメリカ人人口）/（外国人人口）] × 100	
図 8-4	タイ人比率	2015	国勢調査個票データ	[（タイ人人口）/（外国人人口）] × 100	

図番号	タイトル	データの年次	データの出典	地図化した指標の算出方法	備　考
				転載地図の出典など	
図 9-2	ベトナム人比率	2015	国勢調査個票データ	[（ベトナム人人口）／（外国人人口）] × 100	
図 9-3	インドネシア人比率	2015	国勢調査個票データ	[（インドネシア人人口）／（外国人人口）] × 100	
図 9-4	ネパール人比率	2015	国勢調査個票データ	[（ネパール人人口）／（外国人人口）] × 100	
図 10-1	南関東における市区町村別の中国人数	2015	国勢調査		
図 10-2	都道府県別の中国人数（2000 年）	2000	在留外国人統計		
図 10-3	都道府県別の中国人数（2016 年）	2016（12 月）	在留外国人統計		
図 11-2	経営・管理	2016（12 月）	在留外国人統計		
図 11-3	教育	2016（12 月）	在留外国人統計		
図 11-4	技術・人文知識・国際業務	2016（12 月）	在留外国人統計		
図 11-5	企業内転勤	2016（12 月）	在留外国人統計		
図 12-1	技能	2016（12 月）	在留外国人統計		
図 12-2	技能実習	2016（12 月）	在留外国人統計		技能実習1号イ、技能実習1号ロ、技能実習2号イ、技能実習ロ、の合計
図 12-3	留学	2016（12 月）	在留外国人統計		
図 12-4	家族滞在	2016（12 月）	在留外国人統計		
図 13-1	永住者	2016（12 月）	在留外国人統計		
図 13-2	定住者	2016（12 月）	在留外国人統計		
図 13-4	特別永住者	2016（12 月）	在留外国人統計		
図 13-5	日本人の配偶者等	2016（12 月）	在留外国人統計		
図 14-1	就業者比率	2015	国勢調査	[（外国人就業者数）／（外国人人口）] × 100	就業者：「労働力状態」が、〈主に仕事〉、〈家事などのほか仕事〉、〈通学のかたわら仕事〉、〈仕事を休んでいた（休業者）〉の合計

図番号	タイトル	データの年次	データの出典	地図化した指標の算出方法	備　考
				転載地図の出典など	
図 14-2	産業別就業者比率（製造業）	2015	国勢調査	[（外国人製造業就業者数）/（外国人就業者総数）]× 100	
図 14-3	産業別就業者比率（サービス業）	2015	国勢調査	[（外国人サービス業就業者数）/（外国人就業者総数）]× 100	サービス業：「L 学術研究、専門・技術サービス業」、「M 宿泊業、飲食サービス業」、「N 生活関連サービス業、娯楽業」、「Q 複合サービス事業」、「R サービス業（他に分類されないもの）」の合計
図 15-2	ホワイトカラー就業者比率	2015	国勢調査個票データ	[（外国人ホワイトカラー就業者数）/（外国人就業者総数）]× 100	ホワイトカラー就業者：「職業」が〈管理的職業従事者〉、〈専門的・技術的職業従事者〉〈事務従事者〉の合計
図 15-3	ブルーカラー就業者比率	2015	国勢調査個票データ	[（外国人ブルーカラー就業者数）/（外国人就業者総数）]× 100	ブルーカラー就業者：「職業」が〈生産工程・労務作業者〉
図 16-1	サービス職業従事者比率	2015	国勢調査個票データ	[（外国人サービス職業従事者数）/（外国人就業者総数）]× 100	
図 16-2	農林漁業従事者比率	2015	国勢調査個票データ	[（外国人農林業従事者数）/（外国人就業者総数）]× 100	
図 17-1	自市区町村内就業者比率（総人口）	2015	国勢調査	[（総人口の自市区町村内就業者数）/（総人口の就業者数）]× 100	
図 17-2	自市区町村内就業者比率（外国人）	2015	国勢調査個票データ	[（外国人の自市区町村内就業者数）/（外国人の就業者数）]× 100	
図 18-1	自営業者比率（総人口）	2015	国勢調査	[（自営業者数）/（就業者総数）]× 100	自営業者：「従業上の地位」が〈自営業主（雇人のある業主）〉、〈自営業主（雇人のない業主）〉の合計
図 18-2	国籍別にみた自営業者比率の推移	片岡博美 2018.「エスニック財」としての言語文化——エスニック・ビジネスの多様性からみる新たな研究視座の必要性、言語文化学会論集 50、の〈図 2 国籍別にみた全就業者に占める自営業者割合の年次推移（2005 ～ 2015 年）〉を転載			
図 18-3	自営業者比率（外国人）	2015	国勢調査個票データ	[（外国人自営業者数）/（外国人就業者総数）]× 100	自営業者：図 18-1 と同様

図番号	タイトル	データの年次	データの出典	地図化した指標の算出方法	備　考
				転載地図の出典など	
図 19-1	浜松市におけるエスニック・ビジネス事業所の分布と町丁別外国人登録者割合	片岡博美 2005. エスニック・ビジネスを拠点としたエスニックな連帯の形成——浜松市におけるブラジル人のエスニック・ビジネス利用状況をもとに、地理学評論 78、の〈図 1 浜松市におけるエスニック・ビジネス事業所の分布（2002 年）と町丁別外国人登録割合〉を転載			
図 19-2	国籍別にみた自営業者の業種別割合	片岡博美 2018.「エスニック財」としての言語文化——エスニック・ビジネスの多様性からみる新たな研究視座の必要性、言語文化学会論集 50、の〈図 3 国籍別にみた全就業者ならびに自営業者の業種別割合（2015 年）〉を転載（一部改変）			
図 19-3	大阪市中央区南部におけるエスニック系施設の分布	粉川春幸 2017. 大阪市中央区南部における複数のエスニック集団によるエスニック・ビジネスの実態、人文地理 69、の〈第 5 図 対象地域におけるエスニック系施設の分布〉を転載			
図 20-2	1 世帯あたり人員（外国人）	2015	国勢調査個票データ	［（外国人が 1 人でもいる世帯の人口）／（外国人が 1 人でもいる世帯数）］× 100	
図 20-3	単独世帯比率	2015	国勢調査	［（外国人の単独世帯数）／（外国人のみの世帯数＋外国人と日本人がいる世帯数）］× 100	
図 20-4	有配偶者比率	2015	国勢調査	［（外国人の有配偶者数）／（15 歳以上外国人人口）］× 100	
図 21-2	国際結婚件数	2016	人口動態統計		
図 21-4	国際結婚比率	2016	人口動態統計	［（夫婦の一方が外国人の結婚カップル数）／（結婚カップル総数）］× 100	
図 21-5	国際離婚件数	2016	人口動態統計		
図 22-2	日本人女性の総出生率	2015	人口動態統計、国勢調査	［（日本人女性の出生数）／（15 ～ 49 歳の日本人女性人口）］× 1000	
図 22-3	外国人女性の総出生率	2015	人口動態統計、在留外国人統計	［（外国人女性の出生数）／（15 ～ 49 歳の外国人女性人口）］× 1000	
図 22-4	日本人女性の同居児法による出生率（TFR）	2015	国勢調査個票データ	［（15 ～ 49 歳女性の出生数（同居児）／（15 ～ 49 歳の日本人女性）］	
図 22-5	外国人女性の同居児法による出生率（TFR）	2015	国勢調査個票データ	［（15 ～ 49 歳女性の出生数（同居児）／（15 ～ 49 歳の外国人女性）］	
図 23-2	日本語指導が必要な外国人児童生徒数	2016	文部科学省『日本語指導が必要な外国人児童生徒の受入状況等に関する調査』		

図番号	タイトル	データの年次	データの出典	地図化した指標の算出方法	備　考
				転載地図の出典など	
図 23-3	7～12歳の外国人就学者数	2015	国勢調査個票データ		就学者：「労働力状態」が〈通学〉
図 23-4	13～15歳の外国人就学者数	2015	国勢調査個票データ		就学者：「労働力状態」が〈通学〉
図 24-2	住宅の種類別比率	2015	国勢調査	[(各種類の住宅に住む外国人のみからなる世帯数)／(外国人のみからなる主世帯数)] × 100	
図 24-3	公的住宅入居率	2015	国勢調査個票データ	[(公的住宅入居者数)／(外国人人口)] × 100	公的住宅：「住居の種類・住宅の所有の関係」が、〈公営の借家〉、〈都市再生機構・公社の借家〉の合計
図 25-2	帰化数（1970～79年）	1970～1979	官報		
図 25-3	帰化数（1980～89年）	1980～1989	官報		
図 25-4	帰化数（1990～99年）	1990～1999	官報		
図 25-5	帰化数（2000～09年）	2000～2009	官報		
図 26-1	東京における外国人集住地	1980、2000、2015	国勢調査	1980年の集住地区は、[(1−当該地区の外国人が対象地域全体に占める割合)／(1−当該地区の日本人が対象地域全体に占める割合)] で算出されるオッズ比が5.0以上の地区。2000年と2015年の集住地区は、外国人数のローカルモラン分析から1%水準有意で抽出された地区のうち、オッズ比5.0以上の単位地区を含む連続した空間的範囲。	
図 26-2	大阪における外国人集住地	1980、2000、2015	国勢調査	図26-1と同様に算出。	
図 27-1	札幌市の外国人比率	2015	国勢調査	[(外国人数)／(総人口)] × 100	
図 27-2	仙台市の外国人比率	2015	国勢調査	[(外国人数)／(総人口)] × 100	
図 27-3	さいたま市の外国人比率	2015	国勢調査	[(外国人数)／(総人口)] × 100	
図 27-4	川崎市の外国人比率	2015	国勢調査	[(外国人数)／(総人口)] × 100	
図 28-1	横浜市の外国人比率	2015	国勢調査	[(外国人数)／(総人口)] × 100	

図番号	タイトル	データの年次	データの出典	地図化した指標の算出方法	備考
				転載地図の出典など	
図28-2	豊橋市の外国人比率	2015	国勢調査	[(外国人数)／(総人口)]×100	
図28-3	浜松市の公的住宅入居率（総人口）	2015	国勢調査	[(総人口の公的住宅入居者数)／(総人口の一般世帯人員数)]×100	公的住宅：図24-3と同様
図28-4	浜松市の外国人比率	2015	国勢調査	[(外国人数)／(総人口)]×100	
図29-1	名古屋市の外国人比率	2015	国勢調査	[(外国人数)／(総人口)]×100	
図29-2	四日市市の外国人比率	2015	国勢調査	[(外国人数)／(総人口)]×100	
図29-3	豊田市の外国人比率	2015	国勢調査	[(外国人数)／(総人口)]×100	
図29-4	京都市の外国人比率	2015	国勢調査	[(外国人数)／(総人口)]×100	
図30-1	神戸市の外国人比率	2015	国勢調査	[(外国人数)／(総人口)]×100	
図30-2	福岡市の外国人比率	2015	国勢調査	[(外国人数)／(総人口)]×100	
図30-3	広島市の公的住宅入居率（総人口）	2015	国勢調査	[(総人口の公的住宅入居者数)／(総人口の一般世帯人員数)]×100	公的住宅：図24-3と同様
図30-4	広島市の外国人比率	2015	国勢調査	[(外国人数)／(総人口)]×100	
図31-1	流入外国人	2010〜2015	国勢調査	5国籍別：韓国・朝鮮、中国、フィリピン、ベトナム、その他	流入外国人：住所が2010年に海外、2015年に日本国内の外国人
図31-2	日本人の第1位転出先	2016	住民基本台帳人口移動報告年報		
図31-3	外国人の第1位転出先	2016	住民基本台帳人口移動報告年報		
図32-1	東京圏における外国人国内移動の転入超過数（市区町村別）	2014〜2016	住民基本台帳に基づく人口、人口動態及び世帯数調査	3カ年の外国人国内移動の転入超過数の平均値	
図32-2	名古屋圏における外国人国内移動の転入超過数（市区町村別）	2014〜2016	住民基本台帳に基づく人口、人口動態及び世帯数調査	3カ年の外国人国内移動の転入超過数の平均値	
図32-3	大阪圏における外国人国内移動の転入超過数（市区町村別）	2014〜2016	住民基本台帳に基づく人口、人口動態及び世帯数調査	3カ年の外国人国内移動の転入超過数の平均値	

参考文献

　以下にあげるのは、本地図帳に関係する地理的な内容を含んだ文献、および当該の項目に関する一般的な文献である。利用の便宜を念頭に置き、32の項目ごとに関連する文献をあげた。なお、多数の既往文献の存在する項目もあるが、その場合には、一部の文献をあげるに留めざるをえなかったことをお断りしておきたい。

戦後日本社会における外国人関連事項の年表

アジア人労働者問題懇談会編　1992.『侵される人権・外国人労働者——日本への出稼ぎ労働者をめぐる現状と提言』第三書館.
移住労働者と連帯する全国ネットワーク編　2009.『多民族・多文化共生社会のこれから——NGOからの政策提言（2009年改訂版）』現代人文社・大学図書.
金　日化　1995. 在日外国人の法的地位. 朴　鐘鳴編『在日朝鮮人——歴史・現状・展望』189–231. 明石書店.
古屋　哲　2004. 管理から共生へ. 庄司博史編『多みんぞくニホン——在日外国人のくらし』30–40. 千里文化財団.

I　分布と変化

1　外国人数

石川義孝　2005. 外国人関係の2統計の比較. 人口学研究 37: 83–94.
清水昌人　2000. 外国人登録統計の利用とその限界. 統計 51(5): 7–12.

2　分布

石川義孝　2011. 在留外国人. 石川義孝・井上　孝・田原裕子編『地域と人口からみる日本の姿』43–49. 古今書院.
高畑　幸　2015. 人口減少時代の日本における「移民受け入れ」とは——政策の変遷と定住外国人の居住分布. 国際関係・比較文化研究（静岡県立大学国際関係学部）14(1): 141–157.

3　増減

石川義孝　2011. 外国人流入は地方圏を救うか？. 統計 62(1): 2–6.
石川義孝　2018.『流入外国人と日本——人口減少への処方箋』海青社.
清水昌人　2017. 市区町村における外国人の社会増加と日本人の社会減少. E-journal GEO 12(1): 85–100.
清水昌人・中川聡史　2002. 国際化による外国人の増加と都市の変化. 小林浩二編『21世紀の地域問題——都市化・国際化・高齢化と地域社会の変化』61–90. 二宮書店.

II　性別・年齢・国籍

4　性比

石川義孝　2007. 現代日本における性比不均衡と国際結婚. 紀平英作編『グローバル化時代の人文学——対話と寛容の知を求めて 下 共生への問い』127–145. 京都大学学術出版会.
中川聡史　2011. 性比と結婚. 石川義孝・井上　孝・田原裕子編『地域と人口からみる日本の姿』57–64. 古今書院.

5　年齢構成

神戸定住外国人支援センター編　2005.『在日マイノリティ高齢者の生活権——主として在日コリアン高齢者の実態から考える』新幹社.
庄谷怜子・中山　徹　1997.『高齢在日韓国・朝鮮人——大阪における「在日」の生活構造と高齢福祉の課題』御茶の水書房.
高畑　幸　2008. 在日フィリピン人と加齢——名古屋の高齢者グループを手がかりとして. 国際開発研究フォーラム 37: 59–75.

6　国籍(1)：韓国・朝鮮

金　日化　1995. 在日朝鮮人の法的地位. 朴　鐘鳴編『在日朝鮮人——歴史・現状・展望』189–231. 明石書店.
千葉立也　1987. 在日朝鮮・韓国人の居住分布. 古賀正則編『第三世界をめぐるセグリゲーションの諸問題』（昭和60・61年度文部省科研費研究補助金（総合研究A）研究成果報告書. 45–84. 一橋大学社会学部.
福本　拓・千葉立也　2008. 日本のコリアン社会. 山下清海編『エスニック・ワールド——世界と日本のエスニック社会』212–219. 明石書店.

7 国籍(2)：中国、ブラジル、フィリピン
朝倉美江　2017.『多文化共生地域福祉への展望──多文化共生コミュニティと日系ブラジル人』高菅出版.

阿部亮吾　2011.『エスニシティの地理学──移民エスニック空間を問う』古今書院.

池上重弘編　2001.『ブラジル人と国際化する地域社会──居住・教育・医療』明石書店.

梶田孝道・丹野清人・樋口直人　2005.『顔の見えない定住化──日系ブラジル人と国家・市場・移民ネットワーク』名古屋大学出版会.

高畑　幸　2012. 大都市の繁華街と移民女性──名古屋市中区栄東地区のフィリピンコミュニティは何を変えたか. 社会学評論 62(4): 504–520.

山下清海編　2005.『華人社会がわかる本──中国から世界へ広がるネットワークの歴史、社会、文化』明石書店.

8 国籍(3)：ペルー、アメリカ、タイ
鈴木規之　2001. 日本におけるタイ人研修生の動向. 人間科学(琉球大学) 7: 129–160.

寺沢宏美　2010.『移民としての在日日系ペルー人──「日本人」・「日系ペルー人」・「ペルー人」』、博士論文(名古屋大学 2010年3月授与).

野入直美　2004・2005. 沖縄における日系人・定住外国人の国境を越える移動とエスニック・ネットワーク(上・中)──アメリカ人、台湾人、日系ペルー人、日系ブラジル人の意識調査から. 人間科学(琉球大学法文学部)14: 271–289, 15: 91–113.

ノヴィック, A.　1994.『在日アメリカ人100人に聞く──日米暮らしおもしろ比較』三省堂.

9 国籍(4)：ベトナム、インドネシア、ネパール
奥島美夏編　2008.『日本のインドネシア人社会──国際移動と共生の課題』明石書店.

川上郁雄　2001.『越境する家族──在日ベトナム系住民の生活世界』明石書店.

東洋経済新報社　2018. 特集 隠れ移民大国ニッポン. 週刊東洋経済 6772: 20–53.

目黒　潮　2010. 地場産業を支えるのは誰か──茨城県の水産加工業と外国人労働者の動態. 加藤　剛編『もっと知ろう‼　わたしたちの隣人──ニューカマー外国人と日本社会』64–96. 世界思想社.

10 中国人
西日本新聞社編　2017.『新移民時代──外国人労働者と共に生きる社会へ』明石書店.

山下清海　2016.『新・中華街──世界各地で〈華人社会〉は変貌する』講談社.

山下清海　2017. 増加・多様化する在留外国人──「ポスト中国」の新段階の変化に着目して. 地理空間 9(3): 249–265.

Ⅲ　在留資格

11 活動に基づく在留資格(1)
明石純一　2010.『入国管理政策──「1990年体制」の成立と展開』ナカニシヤ出版.

依光正哲編　2003.『国際化する日本の労働市場』東洋経済新報社.

12 活動に基づく在留資格(2)
浅野慎一　1997.『日本で学ぶアジア系外国人──研修生・留学生・就学生の生活と文化変容』大学教育出版.

孔　麗　2010. 外国人に依存する農業──北海道の中国人研修生・実習生の役割. 加藤　剛編『もっと知ろう‼　わたしたちの隣人──ニューカマー外国人と日本社会』97–121. 世界思想社.

鈴木江理子　2009.『日本で働く非正規滞在者──彼らは「好ましくない外国人労働者」なのか？』明石書店.

日本経済新聞社　2018. 特集 増える外国人、どう共生するか──「開国前夜」好対応探る自治体. 日経グローカル 345: 6–21.

連合総合生活開発研究所　2018. 特集 外国人技能実習における制度の見直しと今後の課題. 連合総研レポート 337: 3–24.

13 身分又は地位に基づく在留資格
近藤　敦　2015.『外国人の人権へのアプローチ』明石書店.

田中　宏　2013.『在日外国人 第3版──法の壁、心の溝』岩波書店.

Ishikawa, Y. 2010. Role of matchmaking agencies for international marriage in contemporary Japan. *Geographical Review of Japan Series B* 83 (1): 1–14.

Takeshita, S. and Hanaoka, K. 2015. Turkish communities and Islamic education for children in Aichi prefecture. In

International migrants in Japan: Contributions in an era of population decline, ed. Y. Ishikawa, 195–211. Kyoto University Press and Trans Pacific Press.

Ⅳ　就　　労

14　産業
丹野清人　2007.『越境する雇用システムと外国人労働者』東京大学出版会.
千葉立也　2001. 出稼ぎの町から「ブラジルタウン」へ──日系人が働く町、群馬県太田・大泉地域の変貌. 小金澤孝昭・笹川耕太郎・青野壽彦・和田明子編『地域研究・地域学習の視点』24–51. 大明堂.
町北朋洋　2015. 日本の外国人労働力の実態把握──労働供給・需要面からの整理. 日本労働研究雑誌 662: 5–26.
Yamamoto, K. 2001. Foreign workers in the management of Japanese manufacturing companies, *Journal of International Economic Studies*（Hosei University）15: 39–52.

15　職業（1）：ホワイトカラー、ブルーカラー
上林千恵子　2015.『外国人労働者受け入れと日本社会──技能実習制度の展開とジレンマ』東京大学出版会.
竹ノ下弘久　2015. 階層構造のなかの移民・マイノリティ. 宮島　喬・佐藤成基・小ヶ谷千穂編『国際社会学』63–78. 有斐閣.

16　職業（2）：サービス職業従事者、農林漁業従事者
厚生労働省　2016.『「外国人雇用状況」の届出状況まとめ（本文）』https://www.mhlw.go.jp/stf/houdou/0000110224.html（最終閲覧日2018年8月15日）.
津崎克彦編　2018.『産業構造の変化と外国人労働者──労働現場の実態と歴史的視点』明石書店.

17　就業地
澤　宗則・南埜　猛　2009. グローバルシティ・東京におけるインド人集住地の形成──東京都江戸川区西葛西を事例に. 国立民族学博物館調査報告 83: 41–58.
中村二朗・内藤久裕・神林　龍・川口大司・町北朋洋　2009.『日本の外国人労働力──経済学からの検証』日本経済新聞出版社.
福本　拓　2002. 大阪府における在日外国人「ニューカマー」の生活空間. 地理科学 57（4）: 255–276.

18　自営業者
片岡博美　2018.「エスニック財」としての言語文化──エスニック・ビジネスの多様性からみる新たな研究視座の必要性. 言語文化学会論集 50: 213–222.
樋口直人編　2013.『日本のエスニック・ビジネス』世界思想社.
Bonacich, E. 1973. A theory of middleman minorities. *American Sociological Review* 38（5）: 583–593.
Light, I. and Gold, S. J. 2000. *Ethnic economies*. Academic Press.

19　エスニック・ビジネス
片岡博美　2004. 浜松市におけるエスニック・ビジネスの成立・展開と地域社会. 経済地理学年報 50（1）: 1–25.
金　延景　2016. 東京都新宿区大久保地区における韓国系ビジネスの機能変容──経営者のエスニック戦略に着目して. 地理学評論 89（4）: 166–182.
粉川春幸　2017. 大阪市中央区南部における複数のエスニック集団によるエスニック・ビジネスの実態. 人文地理 69（4）: 447–466.
山下清海　2010.『池袋チャイナタウン──都内最大の新華僑街の実像に迫る』洋泉社.
Kaplan, D. H. and Li, W. 2006. *Landscapes of the ethnic economy*. Rowman & Littlefield Publishers.

Ⅴ　生　　活

20　家族・世帯
大曲由起子・高谷　幸・鍛治　致・稲葉奈々子・樋口直人　2011. 家族・ジェンダーからみる在日外国人──2000年国勢調査データの分析から. 茨城大学地域総合研究所年報 44: 11–25.
高谷　幸・大曲由起子・樋口直人・鍛治　致・稲葉奈々子　2014. 家族・ジェンダーからみる在日外国人──1980・1985年国勢調査データ分析. 岡山大学大学院社会文化科学研究科紀要 38: 57–76.

福本　拓　2016. 現代日本における国籍とエスニシティの揺動──その空間的側面に着目して. 地理空間 9（3）: 267-283.

21　国際結婚
落合恵美子・K.-L. リャウ・石川義孝　2007. 日本への外国人流入からみた国際移動の女性化──国際結婚を中心に. 石川義孝編『人口減少と地域──地理学的アプローチ』291-319. 京都大学学術出版会.
竹下修子　2004.『国際結婚の諸相』学文社.
Kamiya, H. and Lee, C.-W. 2009. International marriage migrants to rural areas in South Korea and Japan: A comparative analysis. *Geographical Review of Japan Series B* 81（1）: 60-67.
Nishihara, J., Ishikawa, Y., Hiratsuka, H. and Kawasaki, Y. 2012. Current conditions and geographical background factors of international marriages: A case study of Japan's Tokai Region. *Geographical Review of Japan Series B*, 55（2）: 57-73.
Takeshita, S. 2016. Intermarriage and Japanese identity. In *Creating social cohesion in an interdependent world: Experiences of Australia and Japan*. eds. E. Healy, D. Arunachalam and T. Mizukami, 175-187. Palgrave Macmillan.

22　出生
是川　夕　2013. 日本における外国人の移住過程がその出生率に及ぼす影響について. 社会学評論 64（1）: 109-127.
是川　夕　2013. 日本における外国人女性の出生力──国勢調査個票データによる分析. 人口問題研究 69（4）: 86-102.
Hanaoka, K. and Takeshita, S. 2015. Fertility outcomes and the demographic and socio-economic backgrounds of three types of couples: Cross-border, immigrant, and native-born couples. In *International migrants in Japan: Contributions in an era of population decline*, ed. Y. Ishikawa, 44-73. Kyoto University Press and Trans Pacific Press.
Yamauchi, M. 2015. The fertility contribution of foreign women to Japan. In *International migrants in Japan: Contributions in an era of population decline*, ed. Y. Ishikawa, 23-43. Kyoto University Press and Trans Pacific Press.

23　教育
荒牧重人・榎井　縁・江原裕美・小島祥美・志水宏吉・南野奈津子・宮島　喬・山野良一編　2017.『外国人の子ども白書──権利・貧困・教育・文化・国籍と共生の視点から』明石書店.
宮島　喬　2014.『外国人の子どもの教育──就学の現状と教育を受ける権利』東京大学出版会.
宮島　喬・太田晴雄編　2005.『外国人の子どもと日本の教育──不就学問題と多文化共生の課題』東京大学出版会.

24　住宅
稲葉佳子　2008. 公営住宅における外国人居住の実態に関する研究. 都市計画論文集 43（1）: 66-71.
江　衛・山下清海　2005. 公共住宅団地における華人ニューカマーズの集住化──埼玉県川口芝園団地の事例. 人文地理学研究（筑波大学）29: 33-58.

25　帰化
浅川晃広　2007.『近代日本と帰化制度』渓水社.
熊谷　史　2004. 帰化における「日本人」像の構築──日本の帰化行政に関する一考察. 社会学研究科年報（立教大学）11: 133-146.
坂中英徳・浅川晃広　2007.『移民国家ニッポン──1000万人の移民が日本を救う』日本加除出版.

VI　集住と移動

26　東京、大阪の集住地
稲葉佳子　2008.『オオクボ 都市の力──多文化空間のダイナミズム』学芸出版社.
田嶋淳子　1998.『世界都市・東京のアジア系移住者』学文社.
福本　拓　2004. 1920年代から1950年代初頭の大阪市における在日朝鮮人集住地の変遷. 人文地理 56（2）: 154-169.
福本　拓　2010. 東京および大阪における在日外国人の空間的セグリゲーションの変化──「オールドカマー」と「ニューカマー」間の差異に着目して. 地理学評論 83（3）: 288-313.
Lee, H.-H. 2001. Cultural performance, subjectivity and space: Osaka's Korean festival. *Geographical Review of*

Japan 74B（1）: 78–91.

27　都市内集住地（1）：札幌市、仙台市、さいたま市、川崎市
『神奈川のなかの朝鮮』編集委員会編　1998.『神奈川のなかの朝鮮──歩いて知る朝鮮と日本の歴史』明石書店.
三国恵子　1999. 在日韓国・朝鮮人の集住に関する研究──川崎市南部地域を例として. 人口学研究 25: 70–73.

28　都市内集住地（2）：横浜市、浜松市、豊橋市
小内　透編　2009.『講座トランスナショナルな移動と定住──定住化する在日ブラジル人と地域社会 第1–3巻』御茶の水書房.
西原　純　2007. 浜松と西遠・中遠・北遠. 藤田佳久・田林　明編『日本の地誌7　中部圏──愛知県・静岡県・岐阜県・三重県・富山県・石川県・福井県』217–225. 朝倉書店.
山本薫子　2008.『横浜・寿町と外国人──グローバル化する大都市インナーエリア』福村出版.
Nishihara, J. 2015. Quality of life of foreign residents in Hamamatsu City, In *International migrants in Japan: Contributions in an era of population decline*. ed. Y. Ishikawa, 147–170. Kyoto University Press and Trans Pacific Press.

29　都市内集住地（3）：名古屋市、豊田市、四日市市、京都市
阿部亮吾　2003. フィリピン・パブ空間の形成とエスニシティをめぐる表象の社会的構築──名古屋市栄ウォーク街を事例に. 人文地理 55（4）: 307–329.
浮葉正親　2007. 名古屋市における新来コリアンの流入とコリアンタウンの形成. 国立民族学博物館調査報告 69: 179–186.
高畑　幸　2010. 地域社会にみる多文化共生──名古屋市中区のフィリピン・コミュニティの試み. 加藤　剛編『もっと知ろう!!　わたしたちの隣人──ニューカマー外国人と日本社会』146–172. 世界思想社.
鶴本花織・西山哲郎・松宮　朝編　2008.『トヨティズムを生きる──名古屋発カルチュラル・スタディーズ』せりか書房.

30　都市内集住地（4）：神戸市、広島市、福岡市
外国人地震情報センター編　1996.『阪神大震災と外国人──多文化共生社会の現状と可能性』明石書店.
由井義通・佟亜斎娜　2017. 広島市における外国人就業者のライフコースに関する研究. 広島大学大学院教育学研究科紀要 文化教育開発関連領域 66: 51–58.
吉富志津代　2008.『多文化共生社会と外国人コミュニティの力──ゲットー化しない自助組織は存在するか？』現代人文社.

31　移動（1）：居住地選択
石川義孝　2018.『流入外国人と日本──人口減少への処方箋』海青社.
石川義孝・竹下修子・花岡和聖　2014. 2005〜2010年における新規流入移動と国内移動からみた外国人の目的地選択. 京都大學文學部研究紀要 53: 293–318.

32　移動（2）：三大都市圏内市区町村の純移動
Avila-Tapies, R. 1995. 在日外国人と日本人の人口移動パターンの比較分析──大阪市生野区を事例として. 人文地理 47（2）: 174–188.
是川　夕　2008. 外国人の居住地選択におけるエスニック・ネットワークの役割──国勢調査データを用いた人口移動理論からの分析. 社会学評論 59（3）: 495–513.
清水昌人　1994. 東京大都市地域における外国人就学生の住居移動. 地理学評論 67A（6）: 383–392.
清水昌人　2017. 市区町村における外国人の社会増加と日本人の社会減少. *E-journal GEO* 12（1）: 85–100.
千葉立也・石川義孝・K.-L.リャウ　2007. 日本に在住する外国人の国内移動にみられる地域性. 石川義孝編『人口減少と地域──地理学的アプローチ』197–225. 京都大学学術出版会.
Shimizu, M. 1995. Residential relocation and friendship association of overstay foreign workers in Tokyo. *Geographical Review of Japan* 68（2）: 166–184.

初版：あとがき

　周知のように、わが国の総人口は2008年にピークを迎え、2009年から減少が始まった。わが国はすでに、急速な人口減に起因する多くの問題に直面しており、今後はそれが年を追うごとに厳しさを増していくと予想されている。こうした人口減の主因が、日本人の出生率の低下にあることは、いうまでもない。出生率低下を防ぐべく従来多大な政策的努力が向けられてきたが、あいにくその効果はほとんどあらわれていない。こうした状況をみて私は最近、人口減関連の諸問題の緩和に対し外国人がいかに貢献しうるかを本格的に検討すべき時期にきたのではないか、という思いを強くしている。

　しかし、わが国における在日外国人に関するこれまでの議論は、国内の地域差を念頭に置かずに全国を一括して扱うものや、外国人集住地を主な対象とするものが多かった。そのこと自体は間違いではないが、そうした成果をいくら積み重ねても、外国人居住の地域差を含めた、日本全体に関する具体的状況の解明には直結しない、というもどかしさがある。この問題に応える最も効果的な方法は、外国人地図帳の刊行である。特に日本人の人口減を救う存在としての外国人に注目するならば、各種の施策を検討・立案する際の基礎的資料として、地図帳の有用性ははかりしれない。こうした問題意識から、筆者が代表者を務める科学研究費基盤研究（A）「現代日本の人口減少問題に対する外国人定住化の貢献に関する研究」（課題番号：21242032）による成果の一つとして、外国人地図帳の刊行を思い立った。

　かつてわが国では、外国人がしばしば差別や偏見の対象とされ、また外国人関連のデータも公的統計において豊富とはいえなかった。そのため、外国人分布の地図化、特に都市内の集住地の地図化は、それがとりわけ私の属する地理学の研究対象としてたいへん重要であるにもかかわらず、とても難しかった。しかし現在では、外国人に対する差別や偏見がなくなったとはいえないものの、複数の空間的スケールで多くの外国人関連データが、公的統計のデジタル・ファイルとして公表されている。こうした事情は、外国人地図帳作成の機運が熟してきたことを意味していよう。ちなみに、日本におけるエスニック地理学の代表的な研究者のお一人である筑波大学の山下清海教授も、ご編著『エスニック・ワールド──世界と日本のエスニック社会』（明石書店、2008年刊）のあとがきで、次のように述べておられる。

　私が学生の頃は、エスニック社会に関心を持っていても、日本国内で研究テーマを探すのは容易ではなかった。在日韓国・朝鮮人を対象に研究したとしても、彼らの人口分布を示す地図を作製し、雑誌や本に掲載することは、民族差別に当たり、人権上問題があるとみなされた。地理学研究者にとって、エスニック集団の居住パターンを地図化できないことは致命的問題であった。今日では、在日韓国・朝鮮人の集住地区の地図を掲載することもできるし、彼ら自身が集住地区を「コリアタウン」としてPRし、大勢の人々の来訪を望んでいる。

さらに、米国においても国勢調査の小地域統計データによる地図を用いた研究は、高く評価されている。ちなみに、ロサンゼルス大都市圏のエスニック集団を対象とした、解説文つきのカラフルで見やすい地図帳であるAllen, J. P. and Turner, E. 2002. *Changing faces, changing places: Mapping Southern Californians,* Northridge, California: the Center for Geographical Studies, California State University at Northridge の存在も、本書のような地図帳を刊行したいという希望の有力なきっかけとなった。

　人口減関連の諸問題を緩和する存在としての外国人の受け入れや定住は、21世紀の日本にとって最重要な政策課題の一つである。この地図帳が、学生・院生や研究者をはじめ、国の省庁や地方自治体の実務家のほか、多くの関心ある方々にとって有用な資料となることを願っている。

　本書の刊行にあたっては、多くの方々のご理解やご協力をいただいた。まず、この地図帳への地図の転載を暖かく許可された原著者の方々に、お礼申しあげたい。外国人地図帳の意義を理解され、2005年国勢調査における外国人の個票データを提供いただいた総務省統計局のご厚意にも、心より感謝申しあげる次第である。また、地図制作を一手にお引き受けいただいた立命館大学の中谷友樹先生と花岡和聖先生および文学部地理学専攻3回生の宮地美紀さんにも、お礼を申しあげたい。立命館大学での迅速な地図制作や訂正作業がなければ、このような企画が日の目を見ることはなかったであろう。本書の執筆者でもある、千葉立也先生、山本健兒先生、竹下修子先生には、原稿全体に目を通し、貴重な助言をいただいたことも記しておきたい。さらに、本地図帳の原稿準備の過程でお手伝いいただいた京都大学文学研究科修士課程院生の嘉村俊也君と文学部4回生の林良彦君にも、お礼を申しあげたい。

　最後になって恐縮であるが、出版事情の厳しい折に、本地図帳の刊行を快諾いただいたナカニシヤ出版、特にご担当いただいた吉田千恵さんに、厚くお礼を申し述べる次第である。

2011年2月9日

編者　石川義孝

改訂版：あとがき

　日本国内に住む外国人を対象にした地図帳の初版を2011年春に刊行してから、7年が経過した。この間わずか7年とはいえ、状況は大きく変化した。

　日本の総人口は2008年に1億2808万人のピークを迎え、その後減少が始まった。初版の刊行時はこのピークの直後にあたり、減少はごく緩やかであったが、今後は減少幅が徐々に拡大し本格化する。ちなみに、国立社会保障・人口問題研究所の長期推計によれば、2050年ころに総人口が1億人を切ると予想されている。人口減少への対策としては、出生率の改善と外国人の受け入れという二つの選択肢が考えられる。そのうち、合計出生率はここ数年、1.40〜1.45の範囲を動いているにすぎず、出生率の改善に多くは期待できないように思われる。したがって、人口減少への残された対策としては、外国人受け入れを主に検討するしかない。

　以上のような理由から、外国人受け入れに向ける視線が、初版刊行当時より格段に大きくなっているように思う。初版は幸いにも好評を博し、売れ行きが好調であった。そのために、最新のデータを使って更新した地図を掲載する改訂版を早く出したいと考えていた。幸い、私が代表者を務める科研費が採択され、この計画が実現することになった。

　この改訂版の校正作業を行っている、まさにその時期に、国会で外国人労働者の受け入れを拡大する入管法が改正された。従来の日本政府の公式見解では認めてこなかった、単純労働力の受け入れにつながる歴史的転換である。国会での審議が拙速であったとの批判はあるが、21世紀を通じて最大の政策課題である人口減少への対応として、外国人受け入れは避けることのできない方向であり、国会での審議はもちろんのこと、広い国民的な議論を経る必要がある。その意味では、ここ数ヶ月、この問題への関心が大きくなったことは評価できよう。

　とはいえ、今回の入管法改正の審議は、外国人の日本入国に関連する在留資格の検討に偏っており、入国後の円滑な定住を実現するための社会統合政策は、依然不十分なままである。国としての包括的な社会統合政策の不在は、日本の外国人政策の大きな問題である。しかしながら、これまで地方自治体ベース、具体的にいうと、外国人集住都市会議ならびに都道府県や市などの国際交流協会を中心に、自らの自治体に居住している外国人向けに、多様な支援サービスが提供されてきたことは、おおいに注目していい。この実績は貴重であり、今後の外国人定住者の施策に活用されることが望ましい。

　国内のどこに、どのような属性をもつ外国人がどれくらい居住しているかに関する情報は、外国人関連の施策に不可欠である。われわれが外国人地図帳の改訂版を刊行する目的は、そこにある。この地図帳が、在留外国人に関心をもつ一般の方や学生・院生・研究者はもとより、外国人関連施策の担当者に広く利用されることを願っている。

　この地図帳の刊行には、日本学術振興会科学研究費補助金基盤研究（B）「空間的同化論およびヘテロローカリズム論からみた在留外国人の居住地の地理学的検討」（研究代表者：石川義孝、2017〜2020年度、研究課題／領域番号17H02426）の一部を利用した。人口減少時代における外国人地図帳の意義を理解され、2015年国勢調査の外国人個票データを提供いただいた総務省統計局のご厚意に深く感謝する次第である。所収した地図をはじめとする各種の図表類の準備にご協

力いただいた、京都大学大学院文学研究科地理学専修の院生の熊野貴文君、谷本涼君、粉川春幸君、土岐馨君に、お礼を申しあげたい。また、貴重なご助言をいただくとともに、出版に至るまで暖かいご支援をいただいたナカニシヤ出版の米谷龍幸氏と編集部のみなさまにも、感謝申しあげたい。

2018年12月8日

編者　石川義孝

◎編者紹介

石川義孝(いしかわ　よしたか)
京都大学大学院文学研究科修士課程修了。京都大学名誉教授。現在、帝京大学経済学部教授。博士（文学）。著書に『流入外国人と日本——人口減少への処方箋』（海青社、2018年）、編著にInternational migrants in Japan: Contributions in an era of population decline（Kyoto University Press and Trans Pacific Press、2015年）、など。
担当：〈地図作成についての説明〉, 1, 4, 14, 17, 31,〈地図化指標の出典と算出方法〉

◎執筆者紹介(五十音順)

片岡博美(かたおか　ひろみ)
名古屋大学大学院文学研究科博士後期課程修了。現在、近畿大学経済学部教授。博士（地理学）。担当：18, 19

是川　夕(これかわ　ゆう)
東京大学大学院人文社会系研究科博士課程修了。現在、国立社会保障・人口問題研究所人口動向研究部第3室長。博士（社会学）。担当：16

高畑　幸(たかはた　さち)
大阪市立大学大学院文学研究科博士後期課程修了。現在、静岡県立大学国際関係学部教授。博士（文学）。担当：7, 30

竹下修子(たけした　しゅうこ)
金城学院大学大学院文学研究科修士課程修了。現在、愛知学院大学文学部教授。博士（社会学）。担当：13, 21

竹ノ下弘久(たけのした　ひろひさ)
慶応義塾大学大学院社会学研究科博士課程修了。現在、慶応義塾大学法学部教授。修士（社会学）。担当：11, 15

千葉立也(ちば　たつや)
東京大学大学院理学系研究科博士課程修了。都留文科大学名誉教授。理学修士。担当：〈戦後日本社会における外国人関連事項の年表〉, 6

杜　国慶(と　こっけい)
筑波大学大学院地球科学研究科博士課程修了。現在、立教大学大学院観光学研究科教授。博士（理学）。担当：2, 25

中谷友樹(なかや　ともき)
東京都立大学大学院理学研究科博士課程修了。現在、東北大学大学院環境科学研究科教授。博士（理学）。担当：29

西原　純(にしはら　じゅん)
東北大学大学院理学研究科博士後期課程修了。静岡大学名誉教授。理学博士。担当：5, 24, 28

花岡和聖(はなおか　かずまさ)
立命館大学大学院文学研究科博士課程後期課程修了。現在、立命館大学文学部准教授。博士（文学）。担当：3

福本　拓(ふくもと　たく)
京都大学大学院文学研究科博士後期課程修了。現在、南山大学人文学部准教授。博士（文学）。担当：26, 32

宮澤　仁(みやざわ　ひとし)
東京都立大学大学院理学研究科修士課程修了。現在、お茶の水女子大学基幹研究院准教授。博士（理学）。担当：23, 27

山内昌和(やまうち　まさかず)
東京大学大学院総合文化研究科博士課程修了。現在、早稲田大学教育学部准教授。博士（学術）。担当：20, 22

山下清海(やました　きよみ)
筑波大学大学院地球科学研究科博士課程修了。筑波大学名誉教授。現在、立正大学地球環境科学部教授。理学博士。担当：10

山本健兒(やまもと　けんじ)
東京大学大学院理学系研究科博士課程単位取得退学。九州大学名誉教授。現在、帝京大学経済学部教授。博士（理学）。担当：〈戦後日本社会における外国人関連事項の年表〉, 8, 9, 12

本書所収の地図のうち、全国の市区町村単位の地図と都市内の町丁字単位の地図は、pdf ファイルを以下、URL から入手できます。下記のユーザー名とパスワードをご入力ください。

http://www.ritsumei.ac.jp/~kht27176/

ユーザー名：qkbvwpf051　　パスワード：lMDjmGM4Gl

地図でみる　日本の外国人 改訂版

2011 年 4 月 30 日　初　版 第 1 刷発行	（定価はカバーに表示しています）
2019 年 1 月 29 日　改訂版 第 1 刷発行	
2019 年 6 月 30 日　改訂版 第 2 刷発行	

編者　　石　川　義　孝

発行者　　中　西　　良

発行所　　株式会社　ナカニシヤ出版

〒 606-8161　京都市左京区一乗寺木ノ本町 15
TEL　（075）723-0111
FAX　（075）723-0095
http://www.nakanishiya.co.jp/

© Yoshitaka ISHIKAWA 2019（代表）　　　印刷・製本：ファインワークス
初版：装丁・本文デザイン：佐藤淳デザイン室　三谷智恵
改訂版：装丁・本文デザイン　草川啓三

落丁・乱丁本はお取り替えいたします

Printed in Japan

ISBN978-4-7795-1349-7 C1036